ISBN 978-3-662-42746-0 ISBN 978-3-662-43023-1 (eBook)
DOI 10.1007/978-3-662-43023-1

Inhaltsverzeichnis.

§ 1. Einleitung.

Recht der Allgemeinheit im Rundfunk! Recht der Allgemeinheit überhaupt! Was verstehen wir darunter? Darüber schlüssig zu werden, muß unsere erste Aufgabe sein.

Das Recht der Allgemeinheit ist modernen Ursprungs. Die alten und die älteren Rechtsordnungen haben es nicht gekannt. Sie schützten die Persönlichkeit, das Individuum und deren Rechtsgüter. Der Einzelne nur fand Anerkennung vor den Augen des Gesetzgebers. Ein umfassendes Recht einer Vielheit von Menschen, einer solchen Vielheit, daß man sie schlechthin als Allgemeinheit bezeichnen kann, ist bis in die jüngste Zeit hinein unbekannt geblieben. Erst in den letzten Jahren regte sich die Tendenz, dieser Allgemeinheit einen Rechtsschutz auf bestimmten Gebieten anzuerkennen. Dieser Weg war (und ist) beschwerlich und muß Schritt für Schritt erkämpft werden. Bringt doch die Anerkennung eines neuen Rechtsguts notwendigerweise die Beschränkung irgendeines alten bisher geschützten mit sich. Deshalb treffen wir in jedem Punkte, der das Recht der Allgemeinheit zum Ausdruck bringen will, auf einen Gegensatz. Das

Recht der Allgemeinheit schränkt das überlieferte Recht der Einzelnen ein, so daß ein Dualismus des neuen und des alten Rechts entstehen wird. Der Einzelne (oder auch die Interessengruppe der Einzelnen), der zugunsten eines Rechts der Allgemeinheit Durchbrechungen seines bisher anerkannten Rechts für die Zukunft zu dulden verpflichtet werden soll, wird daher durchweg bestrebt sein, die Anerkennung dieses Rechts der Allgemeinheit zu verhindern. Ohne Reibungen wird es dabei nur in Ausnahmefällen abgehen.

Das Recht der Allgemeinheit ist unter diesem Namen weder im deutschen noch im ausländischen Recht bisher statuiert. Eine umfassende Normierung, ja selbst eine Begriffsbestimmung fehlt. Ganz im Gegenteil handelt es sich bisher nur um einzelne Gedanken, die sich in der Rechtsordnung zu verankern suchen, die aus irgendeinem Grunde das Recht der Allgemeinheit stärker zu schützen streben als bestimmte Interessen Einzelner. Dabei liegt es auf der Hand, daß die Anerkennung eines Rechts der Allgemeinheit in den einzelnen nationalen Gesetzgebungen durchaus verschieden gestaltet sein muß, je nachdem die rechtliche und politische Struktur des betreffenden Landes dem Individuum oder der Masse günstiger gesinnt ist.

Heute schon finden sich in vielen Gesetzen Ansätze, die die Allgemeinheit und ihre Interessen zu begünstigen, die unter der Form irgendwelcher Rechtsinstitute das Interesse des Einzelnen zu beschneiden, das Interesse der Allgemeinheit in den Vordergrund zu schieben suchen.

Ein Satz von möglicherweise eminenter Bedeutung für die Zukunft sei für das Gebiet des deutschen Rechts zum Verständnis herangezogen. Reichsverfassung Art. 153 Abs. III lautet: „Eigentum verpflichtet. Sein Gebrauch soll zugleich Dienst sein für das Gemeine Beste.“ Dieser Satz aus den Grundrechten der Deutschen Reichsverfassung (dessen Auslegung außerordentlich bestritten ist), bringt für das Rechtsinstitut des Eigentums eine Einschränkung im Interesse der Umwelt, der Mitmenschen, der Allgemeinheit. Der einzelne Eigentümer soll durch sein Eigentum nicht nur Rechte, er soll im Interesse der Allgemeinheit auch Pflichten durch die Rechtsordnung erhalten. Nun ist praktisch gerade dieser Satz außerordentlich umstritten. Nach der Meinung von Anschütz: Die Verfassung des Deutschen Reiches, zu Art. 153, handelt es sich lediglich um eine Richtschnur, die den Gesetzgeber bei der privat- oder öffentlich-rechtlichen Regelung des Privateigentums leiten soll. Weitergehend glauben Martin Wolff: Reichsverfassung und Eigentum, S. 11, und Giese: Verfassung des Deutschen Reiches, zu Art. 153, daß der Satz „Eigentum verpflichtet“ den Richter als Auslegungsregel binde und (so Wolff) darüber hinaus auch die Verpflichtung des Eigentümers enthalte, „das Recht so auszuüben, wie es dem öffentlichen Interesse entspricht". Diese Streitfragen schwächen die Bedeutung dieses verfassungsrechtlichen Satzes für uns keineswegs ab. Denn die (engere) Meinung von Anschütz gibt noch immer dem Gesetzgeber die Möglichkeit, das Eigentum (und Eigentum im Sinne des Art. 153 ist nicht nur das Eigentum im engeren Sinne des bürgerlichen Rechts, sondern jedes private Vermögensrecht: so die h. M. und die Rechtsprechung (RGZ. **107**, 375; **109**, 319) im Interesse der Allgemeinheit gewissen Schranken zu unterwerfen, so daß wir uns, soweit im Interesse der Allgemeinheit Vorschläge de lege ferenda zu machen sind, stets auf Art. 153 Abs. III RV. werden berufen können. — Nach der (weiteren) Ansicht von Wolff und Giese besteht an der soeben geschilderten Auslegung kein Zweifel, doch soll darüber hinaus der Einzelne verpflichtet sein, sein Eigentum so zu gebrauchen, wie es im Interesse der Allgemeinheit geboten erscheint. Daraus würden de lege lata für den Einzelnen und für den Richter Schranken des Eigentums gesetzt, die der Anerkennung eines Rechts der Allgemeinheit für diesen weitumfassenden Begriff des Eigentums des Art. 153 schlechthin gleichkommen würden. Ohne jedoch auf die unterschiedliche Behandlung des Art. 153 Abs. III RV. näher einzugehen, ohne auch zu den Streitfragen Stellung nehmen zu wollen, sei die Feststellung gestattet; daß das Recht der Allgemeinheit in weitem Umfang als verfassungsrechtlicher Grundsatz für das Gebiet des deutschen Rechts Anerkennung gefunden hat: de lege ferenda ganz unbestritten! De lege lata (trotz der heute wohl überwiegenden Ansicht) allerdings nicht unbestritten! — Da nun bei der Untersuchung eines neuen und umfehdeten Rechts von möglichst sicherem Boden ausgegangen werden muß, soll der Satz „Eigentum verpflichtet" im folgenden nur vom (unbestrittenen) Anschützschen Standpunkt aus herangezogen werden. Einem bestehenden Recht der Allgemeinheit im Gebiete des Rundfunkrechts ist ja bisher auch die Rechtsprechung nicht übermäßig günstig gesinnt gewesen, wie wir im einzelnen sehen werden.

Folgen wir den Gedanken des genannten Verfassungssatzes, dann haben wir einen Anhaltspunkt für unser Recht der Allgemeinheit im Rundfunk gewonnen, wenn das Interesse an der Erhaltung und Entwicklung des Rundfunks heute in der Tat als „öffentliches Interesse" aufzufassen ist. Daran aber kann kein Zweifel bestehen. Dafür spricht nicht lediglich die ungeheure Verbreitung des Rundfunks in den wenigen Jahren seines Bestehens[1], dafür spricht deutlich die Tat-

[1] Am 1. Juli 1929 betrug die Zahl der Rundfunkteilnehmer in Deutschland 2826628, so daß die Zahl der tatsächlichen Rundfunkhörer schon heute auf über 10 Mill. geschätzt werden kann.

sache, daß der Rundfunk als Bildungsfaktor, als Kulturfaktor bereits außerordentliches geleistet hat, daß er noch mehr zu leisten in der Lage sein wird. Bereits heute ist der Rundfunk unentbehrlich für alle die Kreise geworden, die aus finanziellen oder geographischen Gründen von den künstlerischen, den belehrenden, den wissenschaftlichen Darbietungen der heutigen Kultur ausgeschlossen sind. Er ist mehr geworden als ein bloßer Unterhaltungsfaktor. Er beseitigt die Schranken zwischen Stadt und Land, die Schranken zwischen den Nationen, er ist geeignet, alle räumlichen, wirtschaftlichen und kulturellen Hindernisse zu überbrücken. Der Rundfunk ist bereits heute nicht mehr aus dem Leben der Völker hinwegzudenken. Ein „öffentliches Interesse" an der Erhaltung und Entwicklung des Rundfunks darf nicht geleugnet werden.

Wir können also ganz allgemein davon ausgehen, daß im Interesse der hinter dem Rundfunk stehenden Allgemeinheit jedwedes Eigentum (im weiten Sinne des Art. 153) gewissen Schranken unterworfen werden kann. Diesen Gedankengang werden wir klar wiedertreffen bei den urheberrechtlichen Fragen, wo der einzelne Urheber zugunsten der Allgemeinheit auf gewisse Rechte an seinem Werke verzichten soll; wir werden ihn wiedertreffen bei den Fragen des Antennenrechts und des Schutzes gegen Rundfunkstörungen, wo die Allgemeinheit ein Recht auf guten und ungestörten Rundfunkempfang geltend machen und dadurch gewisse Eigentumsrechte zu durchbrechen genötigt sein kann. Der Rundfunk selbst, dessen Eigenschaft als Kulturfaktor heute nicht mehr bestritten wird, muß geschützt werden; das werden wir bei den Fragen des Funkhoheitsrechts, bei den Fragen des Schutzes des Rundfunks gegen gewerbliche Verwertung seiner Sendungen im Auge zu behalten haben. Überall das Verlangen nach einem Eingreifen in gewisse Rechte Einzelner, bedingt durch das Interesse der Allgemeinheit!

Obwohl es sich im einzelnen stets um das „Recht der Allgemeinheit" handelt, werden wir erkennen, daß dieses Recht zu durchaus verschiedenen Forderungen führt, daß sogar das Recht selbst durchaus verschiedenen Charakters ist, je nachdem es sich um urheberrechtliche, um bürgerlich-rechtliche, um Fragen des (gewerblichen) Rechtsschutzes gegen Verwertung der Sendungen, um rein öffentlich-rechtliche Fragen usw. handelt. Der Grundgedanke bleibt stets der gleiche; die Einzelheiten differieren. Das urheberrechtliche „Recht der Allgemeinheit" (das Recht der Allgemeinheit ist die immanente Begrenzung des Rechtes der Urheber, das seine Beschränkung dort findet, wo die Grenzscheide liegt zwischen den Interessen des Schöpfers als Individuum und den Interessen der Allgemeinheit an der Schöpfung: Willy Hoffmann) ist ein anderes als das „Recht der Allgemeinheit" an der einwandfreien Aufnahme der Funksendungen (das hier im Gegensatz steht zum Sacheigentum), ist ein anderes als das „Recht der Allgemeinheit“ an einem Rechtsschutz gegen gewerbliche Weiterverwertung der Sendung (wo Interessen Dritter im Interesse eines Schutzes des Rundfunks selbst in weitgehendem Umfang unterdrückt werden sollen). Die Reihe der Beispiele ließe sich beliebig vermehren. Das Gebotene erscheint jedoch genügend, um zu zeigen, daß ein Recht der Allgemeinheit“ im Sinne und Umfang des zu behandelnden Themas nicht positiv abgegrenzt werden kann, wie es überhaupt unmöglich scheint, das „Recht der Allgemeinheit“ ganz allgemein zu kennzeichnen. Der große Zusammenhang liegt offen: geistige, wirtschaftliche, irgendwelche andere Interessen der Allgemeinheit sollen gesichert sein. — Im Gebiete des Funkrechts sollen ganz allgemein der Rundfunk und seine Hörer so weitgehend als es mit den Interessen der Einzelnen zu vereinbaren ist, geschützt werden, da der Rundfunk als Kulturfaktor „öffentliches Interesse“ beanspruchen darf. Die Einzelheiten gehen beträchtlich auseinander.

Deshalb ist es nicht möglich, einen festen Grundsatz für dieses „Recht der Allgemeinheit“ im Rundfunkrecht zu normieren. Vielmehr werden wir die einzelnen in Betracht kommenden Gebiete des Funkrechts zu überprüfen und von Fall zu Fall zu differenzieren haben. Wir werden zwar immer die Allgemeinheit, jedoch durchaus verschiedene Gegenpole antreffen, zu deren Lasten das Recht der Allgemeinheit begründet ist oder begründet werden soll. Die charakteristische Lage wird dann jeweils im speziellen Kapitel besonders zu betrachten sein.

Dabei darf es schon hier vermerkt werden, daß bei den weiteren Ausführungen der äußere Umfang der einzelnen Abteilungen augenfällig verschieden ausfallen wird. Hierfür ist der Gedanke maßgebend gewesen, daß solche Fälle, die eine Änderung des Gesetzes erforderlich erscheinen lassen oder in denen gegen die herrschende Meinung in der Rechtsprechung zu polemisieren ist, breitere Ausführungen verdienen als solche Punkte, in denen nach Ansicht des Verfassers die derzeitige Rechtslage allen Erfordernissen genügt. Auch diese Fälle müssen der Vollständigkeit halber erwähnt werden; hier aber kann in breiterem Maße auf Ausführungen in der bisherigen Literatur des Funkrechts Bezug genommen werden. Dagegen ist in allen Fällen, da Vorschläge de lege ferenda gemacht worden sind, ausführlich das Für und Wider abgewogen worden.

Daß schließlich in allen Fällen das Recht der Allgemeinheit nicht einseitig begünstigt, daß ein gerechter Ausgleich mit dem Recht des Einzelnen erstrebt werden muß, verdient kaum besonders erwähnt zu werden.

Ein Punkt bedarf jedoch eines besonderen Hinweises: der **Bildfunk.** Der Verfasser dieser Abhandlung glaubt es mit gutem Gewissen verantworten zu können, den Bildfunk im Rahmen dieser Arbeit unberücksichtigt zu lassen. Maßgebend dafür sind die Erwägungen gewesen, daß bisher die praktische Anwendung des Bildfunks noch von so geringem Umfang und in ihren Entwicklungsmöglichkeiten noch so wenig zu übersehen war, daß die Frage noch völlig offen steht, in welchen Richtungen sich Bedürfnisse nach gesetzlicher Regelung ergeben werden. Es dürfte daher verfrüht sein, den Bildfunk schon jetzt in einer — wenigstens vorläufig — abschließenden Weise gleich dem Sprech- und Tonfunk behandeln zu wollen.

Einzelne Punkte von geringerer Tragweite, die im Rahmen des Themas hätten herangezogen werden können, sind aus dem Grunde unberücksichtigt geblieben, weil die bestehende Rechtslage allen Erfordernissen und Bedürfnissen der Allgemeinheit entspricht und eine besondere Darstellung lediglich eine Wiederholung der ausführlich vorhandenen Literatur bedeuten würde. Es sei nur erinnert an die Fragen des Handels mit Funkgerät, der Benutzung fremden Eigentums durch Funkanlagen (soweit es sich nicht handelt um das ausführlicher zu behandelnde Antennenrecht).

Bei allen Vorschlägen de lege ferenda ist von dem Grundgedanken ausgegangen, daß nichts zur gesetzlichen Regelung vorgeschlagen worden ist, was in bestehenden Gesetzen bereits in gleicher Weise geregelt worden ist. Deshalb ist auch in mehreren Punkten von legislatorischen Vorschlägen abgesehen worden, soweit die Rechtsprechung im speziellen Fall bisher Stellung zu nehmen noch nicht Gelegenheit hatte oder soweit eine oberstgerichtliche Rechtsprechung zwar vorhanden, den Erfordernissen aber nicht entsprechend erscheinen mußte, jedoch begründete Aussicht bestand, daß die Rechtsprechung in Zukunft von selbst den in diesen Zeilen im Interesse des Rechtes der Allgemeinheit vertretenen Auffassungen sich anschließen würde. Es darf nicht verkannt werden, daß jede gesetzgeberische Gestaltung praktische Erfahrungen erfordert und daß ein Zuviel de lege ferenda verhängnisvolle Folgen haben kann.

A. Öffentlich-rechtliches.

§ 2. Funkhoheitsrecht des Reiches und Recht der Allgemeinheit.

Das Funkhoheitsrecht des Reiches hat in Deutschland seit jeher bestanden und ist nicht erst durch das Telegraphengesetz in dessen neuer Fassung vom 7. März 1908 (RGBl. S. 467) eingeführt worden. Auch die auf Grund des Art. 48 RV. erlassene Verordnung zum Schutze des Funkverkehrs vom 8. März 1924 (RGBl. I,

S. 275) hat nicht erst das Funkhoheitsrecht geschaffen, sondern auf ihm aufgebaut. Das ist heute unbestritten, so daß wir im Rahmen dieser Arbeit zu diesen Fragen nicht besonders Stellung zu nehmen brauchen. Es kann vielmehr auf die ausführliche Darstellung bei Neugebauer: Fernmelderecht mit Rundfunkrecht, S. 42ff., Berlin 1929 (in Zukunft zitiert Neugebauer) verwiesen werden.

Uns hat lediglich die Frage zu interessieren, ob dieses Funkhoheitsrecht, das im Interesse der Allgemeinheit dem Einzelnen das Recht, Fernmeldeanlagen zu errichten oder zu betreiben, entzieht (Gesetz über Fernmeldeanlagen (FAG.) vom 14. Januar 1928, RGBl. I, S. 8, § 1), die Interessen, die einzelne am Errichten oder Betreiben von Sende- und Empfangsanlagen haben, nicht über Gebühr einengt. So ist in der Zeit des ersten Rundfunkerfolges dieses Funkhoheitsrecht lebhaft angegriffen und als lästiges Hemmnis auf dem Wege zu der von vielen Seiten begehrten schrankenlosen Freiheit auf dem Gebiete der Fernmeldeformen empfunden worden. Man hat die entsprechenden gesetzlichen Vorschriften als überholte, rückständige Verständnislosigkeiten gegen technischen Fortschritt abgetan, ja man hat sogar versucht, das Funkhoheitsrecht des Reiches überhaupt zu negieren. Heute sind allerdings derartige Ansichten mehr und mehr verstummt, und man darf behaupten, daß man sich in Deutschland mit dem Funkhoheitsrecht des Reiches allseitig abgefunden hat.

Die Gründe, die eine solch weitgehende Beschneidung des Rechtes des Einzelnen erforderlich machen, sind bei Neugebauer, a. a. O., ausführlich genannt. Hier genügt es, sie in Stichworten aufzuzählen: innere und äußere Sicherheit des Staates sowie der Verkehrspolitik in erster Linie (denn geheime Funkanlagen bedeuten eine ernste Gefahr für die Sicherheit des Staates und der öffentlichen Ordnung); weiter Störung oder Lahmlegung anderer Funkempfangsanlagen in weitem Umfang[2].

Ein derartiger Zustand kann bedauerlich sein. Das zeigt instruktiv ein Fall, der kürzlich das Amtsgericht Charlottenburg beschäftigt hat (vgl. dazu etwa B. Z. am Mittag vom 22. Juli 1929, Nr. 197): Wegen unerlaubten Betriebes einer Kurzwellensendestation in einer Gastwirtschaft war ein Funkamateur angeklagt, der in seiner freien Zeit, hauptsächlich nachts, theoretisch und praktisch an der Entwicklung der Kurzwellentechnik gearbeitet und einen Sendeapparat konstruiert hat, dessen drahtlose Botschaften weit zu hören waren. Die von der Polizei beschlagnahmte Korrespondenz ergab, daß die betreffende Station Verbindung u. a. mit Spanien, Italien und Persien

---

[2] Diese Fragen sind ausführlich behandelt auch bei Saudemont: La Radiophonie et le droit, S. 23—43. Paris 1927.

hatte. Zahlreiche Zuschriften bezeugten die klangreiche Wiedergabe von Sprache und Musik.

Man sieht, daß ein Experimentieren durch Funkamateure wissenschaftlichen Wert haben kann und daß durch das Verbot des freien Betriebes der Allgemeinheit, die geschützt werden soll, zugleich auch Nachteile erwachsen können.

Trotzdem ist es nicht zweifelhaft, daß bei einer Interessenabwägung die heutige Rechtslage (die in fast allen Kulturstaaten die gleiche ist: Neugebauer, a. a. O., S. 52) die allein entsprechende sein kann. Die Allgemeinheit hat das Recht einer Sicherung des Funkverkehrs. Die Erkenntnis, daß es nur dem Verkehr dient, wenn das Funkwesen in der Hand der Nachrichtenverwaltung (der DRP.) liegt, daß die Förderung des Funkverkehrs im Vordergrund, der rein staatspolitische Gesichtspunkt dagegen erst in zweiter Linie maßgebend für die Aufrechterhaltung des Funkhoheitsrechts des Reiches gewesen sind, hat sich denn auch heute durchgesetzt und die Proteste gegen die vermeintliche „Beschlagnahme des Luftraums" verstummen lassen. So erscheint die heutige Regelung befriedigend und unabänderlich: der Einzelne, d. h. in diesem Falle der Funkamateur, hat seine Interessen den schwerwiegenderen der Allgemeinheit zu opfern.

Trotzdem bedarf die Frage der Funkamateure, die sich mit der Kurzwellentechnik befassen, noch einer besonderen Betrachtung. Gerade die Nachricht der geplanten Inbetriebnahme eines deutschen Kurzwellensenders in Königswusterhausen hat das Interesse auch der Allgemeinheit wieder stark auf die kurzen Wellen hingelenkt, deren Vorzüge — Überbrückung praktisch größter Entfernungen mit minimalen Energien — hier nicht weiter zu erörtern sind. Diese Funkamateure haben unter den heutigen rechtlichen Verhältnissen schwer zu leiden, da ihnen mit verschwindenden Ausnahmen keine Sendeerlaubnis zugestanden worden ist, ihnen also praktisch nur der Empfang möglich ist (wollen sie nicht mit den schwere Strafen und Konfiskation der Geräte androhenden gesetzlichen Vorschriften in Widerspruch kommen; vgl. das oben angeführte Beispiel!). Deshalb wird über die heutige gesetzliche Regelung von seiten der Funkamateure, von seiten des Deutschen Amateursendedienstes (DASD.)[3], in dem sie zusammengeschlossen sind, und auch von interessierter dritter Seite lebhafte Klage geführt und die Freigabe des Sendens auf kurzen Wellen für die organisierten Mitglieder des DASD.[4] gefordert (vgl. etwa Priwin: Kurzwellendämmerung? Berl. Tageblatt **1929**, 26. Juli,

[3] Der DASD. ist dem Deutschen funktechnischen Verband angegliedert.

[4] Die Mitgliedschaft zu diesem Verband erfordert ein bestimmtes Maß technischer Kenntnisse, das Beherrschen der Morsezeichen in einem bestimmten Tempo, vollkommene Kenntnis der Verkehrsregeln usw.

Nr. 349). Man glaubt von dieser Seite die genügenden Garantien bieten zu können, daß die kurzen Wellen im Falle der Freigabe nicht zu unlauteren Zwecken benutzt, daß lediglich verkehrstechnische und wissenschaftliche Ziele erstrebt werden sollen.

Der Grundgedanke dieser Forderungen scheint meines Erachtens nicht unbillig, kann aber die völlige Freigabe des Sendens auf kurzen Wellen nicht rechtfertigen. Das grundsätzliche Funkhoheitsrecht des Reiches muß aus den bereits genannten Gründen in jeder Weise gewahrt sein. Dem steht aber nicht entgegen, daß das zuständige Reichs-Postministerium (§ 1 Abs. II FAG.) ernsthaft die Berechtigung dieser Forderungen zu überprüfen und gegebenenfalls in weiterem Umfang Sendeerlaubnis zu erteilen haben wird, als dies bisher auf der Grundlage des FAG. geschehen ist[5]. Die Einzelheiten können hier nicht erörtert werden. Die derzeitige gesetzliche Regelung entspricht, wie ausgeführt, den Interessen der Allgemeinheit. Eine erweiterte Freigabe zugunsten bestimmter Funkamateure durch den Reichspostminister sollte jedoch unter Berücksichtigung der notwendigen Sicherheitsmaßregeln der Allgemeinheit im Interesse einer Verbesserung der Technik mehr nützen (wie wiederum das Beispiel des obengenannten angeklagten Amateurs zeigt) als ihr schaden können.

B. Urheberrechtliches.

I. Allgemeines.

§ 3. Der Gegensatz: Ausschließlichkeit des Autorrechts — Beschränkung des Autorrechts zugunsten der Allgemeinheit.

Das Gesetz betreffend das Urheberrecht an Werken der Literatur und der Tonkunst vom 19. Juni 1901 (RGBl., S. 227) in der Fassung vom 22. Mai 1910 (RGBl., S. 793) hat keinerlei Bestimmungen über den Rundfunk treffen können, der erst vor wenigen Jahren aus kleinen und unbedeutenden Anfängen heraus zu einem Wirtschafts- und Kulturfaktor hervorragendster Art geworden ist. Diese außerordentlich schnelle Entwicklung hat gerade auf dem Gebiete des Urheberrechts eine Anzahl höchst umstrittener Fragen gebracht, die aus dem bestehenden Gesetz eindeutig nicht zu lösen waren.

Dabei stand — und steht — im Vordergrund der urheberrechtlichen Fragen ein gerechter Ausgleich der Gegensätze: Ausschließlichkeit des Autorrechts und Beschränkung des

[5] Bisher ist diese Genehmigung zwar einigen hundert Mitgliedern des DASD. erteilt worden, jedoch keinen Privatpersonen, sondern nur Vereinigungen, Hochschulen, Schulen usw.

Autorrechts zugunsten des Rundfunks (als Interessenvertreter der Allgemeinheit), die in dieser krassen Formulierung sich gegenseitig auszuschließen scheinen und die im geltenden Recht in dieser Form noch nicht zu finden sind. Die überwiegende Mehrheit der Literatur des Funkrechts hat sich, ebenso wie die gesamte Rechtsprechung im Deutschen Reich, klar auf die Seite der Autoren gestellt. Nur von wenigen Vertretern der Wissenschaft ist der Versuch gemacht worden, aus dem geltenden Recht eine Durchbrechung des ausschließlichen Autorrechts zu konstruieren. Diese Durchbrechung, die die erschienenen Werke der Literatur zur rundfunkmäßigen Wiedergabe als Vortrag freigeben will (§ 11 Abs. III LUG.), gründet sich allerdings nicht auf eine gesetzliche Beschränkung des Autorrechts zugunsten des Rundfunks, sondern versucht diese Vortragsfreiheit aus dem Gesetze mangels einer ausdrücklichen Bestimmung — infolge einer angeblichen Gesetzeslücke also — abzuleiten. Ein Recht der Allgemeinheit als solches ist bis heute vom Gesetzgeber ausdrücklich noch nicht anerkannt. Daß aber in einer Anzahl jüngerer Urheberrechtsgesetze ein deutlicher Ansatz zur Wahrung gewisser Allgemeinheitsinteressen nicht zu verkennen ist (wenn auch im wesentlichen in nicht-funkrechtlichen Fragen), hat Hoffmann: Arch. f. Funkr. **1929**, 248f., dargelegt.

Das germanische und das romanische Urheberrecht haben eine verschiedene Entwicklung genommen. Während in den romanischen Rechten ein droit d'auteur, ein Vollrecht, das dem Urheber eines geschützten Werkes jede nur mögliche Ausnutzung seines Werkes garantiert, anerkannt ist, hat das deutsche Urheberrecht ein solches Vollrecht nicht gekannt. Der deutsche Gesetzgeber hat vielmehr unter ausdrücklicher Ablehnung eines droit d'auteur eine Summe urheberrechtlicher Befugnisse dem Autor gesetzlich garantiert. Das deutsche Urheberrecht ist also auf einzelne Verwertungsmöglichkeiten beschränkt geblieben. Neue, durch Fortschritt der Technik bedingte Verwertungsarten haben zum Eingreifen des Gesetzgebers geführt, wie die Novelle von 1910 klar vor Augen führt. Je mehr nun aber der Gesetzgeber das Recht des Urhebers an seinem Werke ausgebaut hat, um so mehr hat der Gedanke an Boden gewonnen, daß jedes Werk zwar die Schöpfung eines Einzelnen, dennoch aber nicht im letzten Sinne autochthon ist, weil der Einzelne als Glied einer staatlichen und geistigen Gemeinschaft zugleich ein Teil des Ganzen ist, und weil diesem Ganzen, der Allgemeinheit, das Recht zuerkannt werden muß, von diesem Werke Kenntnis zu nehmen. Irgendwelche eigenwillige Forderungen des Autors sollen aber dieses Recht der Allgemeinheit nicht vernichten können. Hoffmann hat (a. a. O., S. 248) darauf hingewiesen, daß die Auswertungen dieses Rechts der Allgemeinheit keine Ausnahmevorschriften im Urheberrechtsgesetz darstellen. Das Wesen dieses Rechts kann nicht klarer umschrieben werden als dort: „Das Recht der Allgemeinheit ist die immanente Begrenzung des Rechts des Urhebers, das seine Beschränkung dort findet, wo die Grenzscheide liegt zwischen den Interessen des Schöpfers als Individuum und den Interessen der Allgemeinheit an der Schöpfung. Die egozentrischen Interessen des Urhebers bestehen in der Sicherung der wirtschaftlichen Erträgnisse seines Werkes (Urheberrecht im engeren Sinne) und in der Sicherung seiner Urheberschaft am Werke (Urheberpersönlichkeitsrecht). Beide Interessenkomplexe, denen die Urheberrechtsgesetzgebung in weitestem Umfang gerecht wird, bleiben von dem Recht der Allgemeinheit an dem Werke unberührt. Nicht nur bestehen diese beiden Rechte nebeneinander, vielmehr setzt das Recht der Allgemeinheit sogar ein wirksam geschütztes Recht des Urhebers voraus. Denn nur dann, wenn der Schöpfer durch die Rechtsordnung in seinen wirtschaftlichen wie persönlichen Interessen so geschützt ist, daß ihm die materiellen wie ideellen Früchte seines Schaffens auch tatsächlich zugute kommen, sind die äußeren günstigen Vorbedingungen für ein gedeihliches Schaffen gesetzt worden, an dessen Früchten das Recht der Allgemeinheit sich auswirkt."

§ 4. Das Recht der Allgemeinheit im ausländischen Funkurheberrecht.

Bevor wir auf die uns speziell interessierende Frage eingehen, ob und inwieweit ein solches Recht der Allgemeinheit vom deutschen Funkrecht anerkannt ist, wollen wir uns damit beschäftigen, im Funkrecht der außerdeutschen Staaten nach Ansätzen oder einer klaren Dokumentierung eines Rechts der Allgemeinheit zu forschen.

Dabei zeigt es sich, daß weitaus die Mehrzahl der Staaten zu den Fragen Ausschließlichkeit des Urheberrechts auf der einen, Recht der Allgemeinheit auf der anderen Seite keine besonderen Gesetze erlassen, es vielmehr der Praxis überlassen haben, die bereits bestehenden Urheberrechtsgesetze auf den Rundfunk anzuwenden oder nicht anzuwenden. Zumeist ist es also Sache der Auslegung gewesen, sich mit dem Rundfunk abzufinden. Gesetzliche Kodifikationen, die sich mit dem Rundfunk befaßten, haben fast durchweg nur die öffentlich-rechtlichen Beziehungen zwischen Staat und Sendegesellschaft behandelt, haben die Fragen der Organisation der Sendegesellschaften, deren Zweck und Aufgaben, einen eventuellen Genehmigungszwang, bisweilen auch das Verhältnis der Sendegesellschaften zum Hörer behandelt, ohne sich mit den rein privatrechtlichen urheberrechtlichen Streitfragen zu beschäftigen. Nur in einigen wenigen Staaten sind in den letzten Jahren Gesetze entstanden, die das Urheberrecht im

Zusammenhang mit dem Rundfunk regeln wollen. In diesen Gesetzen ist das Autorrecht stark eingeschränkt, ein Recht der Allgemeinheit positiv durch den Gesetzgeber statuiert. Dabei werden wir sehen, daß die Gesetzgebung hinsichtlich der urheberrechtlichen Fragen fast nur dann eingegriffen hat, wenn es erwünscht schien, die Ausschließlichkeit des Urheberrechts zu durchbrechen.

Am weitesten ist die

UdSSR.

gegangen (vgl. dazu Z. f. Ostr. **1927**, H. 5/6, 799ff. und Arch. f. Funkr. **1928**, 648ff.). Es dürfte sich verlohnen, kurz die Entwicklung bis zur Statuierung eines außerordentlich weitgehenden Rechts der Allgemeinheit durch das Gesetz vom 16. März 1927 in der Fassung vom 24. September 1927 zu verfolgen:

Das Dekret über die Grundlagen des Urheberrechts vom 30. Januar 1925 sieht die Frage der Übertragung von Erzeugnissen nicht vor. Auf Klage der Leningrader und Moskauer Gesellschaft der dramatischen und musikalischen Schriftsteller gegen die Aktiengesellschaft „Radioverbreitung" war die Frage der Ausdehnung des Gesetzes über das Urheberrecht auf öffentliche Radioübertragungen Gegenstand richterlicher Nachprüfung und gelangte auf Protest des Staatsanwalts der Republik an das Plenum des Obersten Gerichts der RSFRS. Das Plenum entschied, daß die Radioübertragung unter die Geltung des Dekrets über das Urheberrecht falle, daß aber angesichts des Umstandes, daß die von der Beklagten veranstalteten Konzerte nicht kaufmännische, sondern kulturelle Zwecke verfolgten, die Klage abzuweisen sei. Damit war also für das Gebiet des UdSSR. durch die oberstgerichtliche Rechtsprechung das Recht der Allgemeinheit in vollem Umfang anerkannt, anerkannt allerdings rein einseitig auf Kosten der Urheber, die bedingungslos enteignet werden.

Im Jahre 1927 wurde dieser Zustand gesetzlich fixiert. Durch das Dekret vom 16. März 1927 (als Novelle zum obengenannten Urhebergesetz ergangen) in der endgültigen Fassung vom 23. September 1927 (Sammlung der Gesetze der UdSSR. **1927**, Nr. 16, Art. 171 und Nr. 57, Art. 570) ist das Recht der Allgemeinheit im weitesten Sinne gesetzlich normiert mit folgendem Wortlaut (in der deutschen Übersetzung von Rambach im Arch. f. Funkr. **1928**, 654f.):

„Betrifft das Recht der Übertragung durch Radio und auf dem Drahtwege einer öffentlichen Aufführung musikalischer, dramatischer und sonstiger Erzeugnisse sowie von Vorlesungen und Vorträgen:"

Art. 1. Den Behörden und Organisationen, die das Recht zur Übertragung durch Rundfunk haben, wird, soweit sie in der besonderen Liste (Art. 2) aufgeführt sind, das Recht erteilt, durch Radio und auf dem Drahtwege die in Theatern, Konzertsälen, Hörsälen und sonstigen öffentlichen Orten zur Aufführung gelangenden musikalischen, dramatischen, musikalisch-dramatischen Erzeugnisse sowie Vorlesungen, Vorträge usw. zu übertragen, ohne hierfür eine besondere Vergütung weder an die Autoren und Darsteller, noch an die Theater, Unternehmer usw. zu zahlen.

Art. 2 (betrifft die Aufstellung der im Art. 1 genannten Liste).

Dieses Gesetz ist durch das Inkrafttreten des neuen Gesetzes vom 14. Mai 1928 nicht berührt. Also eine völlig eindeutige Rechtslage! Jeder, der überhaupt berechtigt ist, Übertragungen durch Rundfunk vorzunehmen, ist zur unentgeltlichen Übertragung aller öffentlichen Aufführungen (das zweimalige usw. deutet auf eine möglichst weite Auslegung!) berechtigt.

Da damit den Sendegesellschaften Material in überreichem Maße zur Verfügung gestellt ist, sind diese von Darbietungen vor dem eigenen Studio vollkommen unabhängig. Also Anerkennung des Rechts der Allgemeinheit, wie es weiter überhaupt nicht zu fassen ist! Auf der anderen Seite vollständige Enteignung nicht nur der Autoren, sondern auch der Theaterdirektoren, Unternehmer usw.

Auf dieser radikalen Grundlage kann der deutsche Gesetzgeber nicht aufbauen! Das bedarf keines Kommentars!

Italien

hat nächst der UdSSR. am klarsten das Recht der Allgemeinheit gesetzlich normiert.

Nach dem neuen italienischen Urheberrechtsgesetz (kgl. Erlaß vom 7. November 1925, Nr. 1950) war dem Urheber das ausschließliche Recht vorbehalten, sein Werk zu verbreiten oder irgendwie wirtschaftlich zu benutzen, war gesagt, daß die Befugnis der Verbreitung den Gebrauch sämtlicher Mittel mechanischer Verbreitung einschließt, wie Telephon, Rundfunk und dergleichen mehr. Es war dort ausdrücklich bestimmt, daß die radiotechnische Verbreitung auf jeden Fall als öffentliche Darbietung anzusehen sei (vgl. dazu im einzelnen Ghiron in Bl. f. Funkr. **1927**, 170ff., bes. 171 a. E., 172).

Dieses Gesetz ist für den Rundfunk überholt durch das Gesetz vom 14. Juni 1928 (Nr. 1352; im Urtext: „Norme per la radiodiffusione de execuzioni artistiche" in Arch. f. Funkr. **1928**, 399ff., im einzelnen auch Arch. f. Funkr. **1928**, 508). Danach hat der Inhaber der Konzession für den Rundfunkdienst das Recht, nach Maßgabe der Enteignung aus Gründen des öffentlichen Interesses die Funkübertragung von öffentlichen Orten aus (von Theater, Konzertsälen usw.) auszuführen. Die Eigentümer, Unternehmer und alle diejenigen, die bei den Darbietungen mitwirken, sind demgemäß gehalten, die Anlagen und die technischen Versuche zu gestatten, die zur Vorbereitung der Funkübertragung erforderlich sind (Art. 1 Abs. 1 und 2). Der Rundfunkkonzessionär ist jedoch verpflichtet, den Berechtigten eine angemessene Entschädigung zu gewähren (Art. 4). — Ausgenommen von der Übertragung sind Erstaufführungen in Theatern und von neuen Werken. Ein Werk ist nicht mehr als Erstaufführung zu betrachten, wenn es in drei Theatern aufgeführt worden ist (Art. 1 Abs. III). — Falls es sich um Übertragungen von Theateraufführungen handelt, die im Rahmen eines Gastspiels von Theatergesellschaften stattfinden oder um Konzertveranstaltungen, die mindestens zwei Monate dauern, kann der Konzessionär von dem Recht der Übertragung nur einmal wöchentlich Gebrauch machen (Art. 1 Abs. IV). — Art. 5 bringt dann Bestimmungen über ein Schiedsgericht, das Streitigkeiten über die Höhe der Entschädigung schlichten soll. — Die weiteren Bestimmungen (insbesondere die Art. 8 und 9), auf die an anderer Stelle noch Bezug genommen wird, interessieren hier nicht.

Also ebenfalls Anerkennung eines außerordentlich weitreichenden Rechts der Allgemeinheit zugunsten der Sendegesellschaften, allerdings durchbrochen von der Ausnahme gewisser Erstaufführungen und gesichert durch Anerkennung einer angemessenen Entschädigung!

An dieser Stelle sei auf die Regelung der Fragen durch das italienische Gesetz nicht näher eingegangen, da weiter unten wiederholt von diesen Bestimmungen noch zu sprechen sein wird. — Grundsätzlich darf ausgesprochen werden, daß eine ideale Lösung, d. h. ein wirklich gerechter Ausgleich der beiden Interessensphären, auch durch das italienische Gesetz nicht erreicht ist. Urheber und Unternehmer sind hier allzusehr benachteiligt.

Ähnlich einseitig ist die gesetzliche Regelung in

Finnland:

Durch das Gesetz vom 3. Juni 1927 über das Urheberrecht ist die funkmäßige Wiedergabe aller veröffentlichten Werke, auch der veröffentlichten Werke der Tonkunst, ohne jede Genehmigung des Autors für zulässig erklärt (vgl. dazu Droit d'Auteur: DA. **1928**, 29ff., bes. 38).

Neuseeland

anerkennt durch das Gesetz zur Ergänzung des Urheberrechtsgesetzes von 1913 vom 9. Oktober 1928 ein Recht der Allgemeinheit, soweit es sich um musikalische Werke handelt (vgl. dazu Arch. f. Funkr. **1929**, 442, Nr. 3).

Die Tschechoslowakei

statuiert in ihrem neuen Urheberrechtsgesetz vom 24. November 1926 für Werke der Literatur durch den § 21 ein Recht der Allgemeinheit, soweit das Werk herausgegeben ist. Anders dagegen ist die Situation für Werke der Tonkunst (§ 27), bei denen dem Urheber das Recht der funkmäßigen Wiedergabe vorbehalten ist. Ein nichterschienenes Werk ist aber (§§ 1, 2) auch nur dann geschützt, wenn der Urheber ein Staatsangehöriger der tschechoslowakischen Republik oder eines Staates mit verbürgter Gegenseitigkeit ist. Über die Höhe des Aufführungshonorars bestehen gesetzliche Bestimmungen (§ 30). Dieser Paragraph begründet keine Zwangslizenz; vielmehr soll dem verletzten Urheber nur der Beweis der Schadenshöhe erspart werden (ausführlich bei Gellner: Bl. f. Funkr. **1927**, 124ff.).

Entsprechend ist die Lage in

Schweden,

wo ein Recht der Allgemeinheit im gleichen Umfang gesetzlich anerkannt ist; d. h. erschienene literarische Werke sind gegen rundfunkmäßige Wiedergabe nicht geschützt. — Es verdient besonders festgehalten zu werden, daß der Versuch, dieses beschränkte Recht der Allgemeinheit zu beseitigen, gescheitert ist. Es war eine entsprechende Novelle (dahingehend, auch die Urheber erschienener Schriftwerke gegen funkmäßige Wiedergabe zu schützen) zum schwedischen Gesetz vom 30. Mai 1919 als Entwurf ergangen, die aber von beiden Kammern ohne Debatte abgelehnt worden ist (die ausführlichen Materialien zu dieser Novelle siehe im Arch. f. Funkr. **1928**, 259ff.).

Damit ist also das Recht der Allgemeinheit im gekennzeichneten Umfang für Schweden offengehalten worden.

Zu einem klaren Resultat zugunsten eines Rechts der Allgemeinheit führt die Auslegung der betreffenden gesetzlichen Bestimmungen in Österreich und in Dänemark.

Österreich

hat nach der Auslegung seines Obersten Gerichtshofes ein Recht der Allgemeinheit für erschienene Werke der Literatur anerkannt. (An dieser Stelle genügt dieser Hinweis, da in einem späteren Kapitel die Rechtslage in Österreich ausführlich behandelt wird.)

Dänemark

gewährt nach seinem Gesetz vom 1. April 1912 den Urhebern gegen funkmäßige Wiedergabe Schutz insoweit (durch analoge Anwendung), als das Urhebergesetz für den Rundfunk in Frage kommt. Auch hier gibt es also eine Reihe von Werken, die dem Rundfunk ohne weiteres zur Verfügung stehen. Somit auch hier in beschränktem Umfang Anerkennung eines Rechts der Allgemeinheit durch die Auslegung (im einzelnen vgl. Zahle: Bl. f. Funkr. **1927**, 143ff.).

Nicht unbestritten ist die Rechtslage in

Frankreich:

Nach Saudemont: La Radiophonie et le Droit, Paris 1927, soll nach französischem Recht die funkmäßige Wiedergabe von nichtdramatischen Schriftwerken erlaubt sein, während die Wiedergabe von Bühnenwerken eine nicht erlaubte öffentliche Aufführung dieser Werke darstellen soll. Das scheint jedoch nicht vereinbar mit dem Charakter des französischen Urheberrechts, das ja ein absolutes Vollrecht, ein droit d'auteur bedeutet. Man wird also dem Standpunkt Saudemonts in diesem Punkte nicht folgen können, wie auch Willy Hoffmann in der Besprechung des Werkes von Saudemont in Bl. f. Funkr. **1927**, 206 ein Recht der Allgemeinheit im Gebiete des französischen Urheberrechts nicht anerkennt.

Keine Anerkennung findet das Recht der Allgemeinheit in dem Entwurf des neuen jugoslawischen Gesetzes über den Schutz des Urheberrechts, der Mitte Dezember 1928 von der Gesetzgebungskommission des jugoslawischen Parlaments angenommen wurde (abgedruckt Arch. f. Urheber-, Film- u. Theaterrecht: Ufita **1929**, 56ff.).

§ 22 Ziff. 8 dieses Gesetzes lautet:

> Dem Urheber steht insbesondere das ausschließliche Recht zu auf Übertragung und öffentliche Aufführung literarischer und künstlerischer Werke auf radioelektrischem Wege.

Also kein Recht der Allgemeinheit in einem modernen Gesetz! Ebensowenig ist durch dieses Gesetz eine Rundfunklizenz vorgesehen (im einzelnen DA. **1928**, 137).

§ 5. Recht der Allgemeinheit und das deutsche Funkurheberrecht.

Wie steht es nun mit einem solchen Recht der Allgemeinheit in dem heutigen deutschen Funkurheberrecht, so wie es Wissenschaft und Praxis gestaltet haben? Um die Antwort vorauszunehmen: in seiner heutigen Gestalt hat das deutsche Funkurheberrecht ein Recht der Allgemeinheit noch nicht anerkannt. Der Autor ist in weitestem Maße geschützt: er hat (nach der Rechtsprechung der Gerichte) die ausschließliche Befugnis, das Werk rundfunkmäßig zu verbreiten; ohne seine Zustimmung darf kein Werk funkmäßig bearbeitet werden. Damit ist der Rundfunk in weitestem Umfang abhängig vom guten Willen der Autoren. Rein persönliche Gründe, vielleicht kleinliche Vorurteile können eine möglichst hochwertige Gestaltung der Vortragsfolge erschweren, ja sogar unmöglich machen. Die Gefahr liegt auf der Hand, daß dadurch eine einseitig gestaltete Vortragsfolge wahrscheinlich wird: warum sollte bei der Programmauswahl nicht ein gemeinfrei gewordenes Werk, das neben finanziellen Vorteilen auch keinerlei Bemühungen hinsichtlich der Zustimmung des Urheberrechtsträgers verursacht, jederzeit einem solchen vorgezogen werden, das noch Urheberschutz genießt?

Unnötig, an dieser Stelle Zahlen zu nennen, um die ungeheure Verbreitung des Rundfunks darzutun! In den kurzen Jahren seines Bestehens ist der Rundfunk zu einem Faktor geworden, der aus dem wirtschaftlichen und künstlerischen Leben unseres Volkes nicht mehr wegzudenken ist. Mit dem Ausziehen der Kinderschuhe, nachdem die ersten groben technischen Unzulänglichkeiten beseitigt waren, hat die anfängliche Opposition abgenommen, um fast völlig zu verschwinden. Der Rundfunk — auch der reine Unterhaltungsfunk — ist mehr geworden als er ursprünglich war (und als was er vielleicht auch gedacht war): eine bloße Zerstreuung, Unterhaltung. Abgesehen von seiner wirtschaftlichen Bedeutung hat es der Unterhaltungsrundfunk unternommen, in weitesten Kreisen bildend zu wirken. Nahezu unentbehrlich ist der Rundfunk für den kleinen Mann geworden, der Vorträge aus allen Wissensgebieten, der künstlerische Darbietungen neben bildenden, der Anregungsmöglichkeiten neben dem unvermeidlichen reinen Vergnügungsfunk erhält, die ihm anderweitig ewig verschlossen wären. Gerade in diesem Punkte liegt die große Gefahr jeder Rundfunkdarbietung: sie darf nicht dazu beitragen, irgendwie zu verflachen. Mit anderen Worten: die Programmgestaltung muß, bei aller Angelehntheit an das Niveau des Durchschnittshörers, dazu angetan sein, den allgemeinen Geschmack, die Höhe der Bildung des Durchschnittsbürgers zu heben. Programmgestaltung bedeutet eine hohe Verantwortlichkeit!

All diesen Forderungen kann jedoch der Rundfunk nur dann nachkommen, wenn er, ohne auf übergroße Schwierigkeiten finanzieller oder verwaltungstechnischer Art zu stoßen, alles das bieten kann, was deutscher Geist an künstlerischen und kulturellen Leistungen hervorgebracht hat. Das Beste und Höchste muß übertragen werden können, was Kunst und Literatur aufweisen.

Aus diesem Zusammenhang heraus wäre die Forderung nach einer gesetzlichen Lizenz zu erheben. Vorher jedoch muß zu der Frage Stellung genommen werden, ob das geltende Recht tatsächlich den Autor gegen die funkmäßige Wiedergabe schützt; denn wäre diese Frage verneinend zu beantworten, so würden die Sendegesellschaften zur Sendung derartiger nichtgeschützter Werke einer besonderen gesetzlichen Lizenz gar nicht bedürfen. Dann auch würde von einem gerechten Ausgleich wohl keine Rede sein können!

II. Die funkmäßige Wiedergabe.

§ 6. Der heutige Rechtszustand: der Theorienstreit und die Stellung des Reichsgerichts.

Praktisch ist die soeben gestellte Frage, die in den Anfängen des Funkrechts auf das lebhafteste umstritten war, seit dem 12. Mai 1926 für Deutschland entschieden. In seinen beiden hinlänglich bekannten Urteilen von diesem Tage (siehe diese RGZ. **113**, 415; GRUR. **1926**, 343ff. [hier beide Urteile] und auch JW. **1926**, 1665) hat sich der I. Zivilsenat des Reichsgerichts auf den Boden der sog. Verbreitungstheorie gestellt; d. h. das Reichsgericht hat, ebenso wie die Vorinstanzen, in der funkmäßigen Wiedergabe eine gewerbsmäßige Verbreitung erblickt, die gemäß § 11 Abs. I Satz 1 LUG. zu den ausschließlichen Befugnissen des Autors gehört. Damit war die Lage hinsichtlich der erschienenen Schriftwerke (soweit sie nicht Bühnenwerke sind), der erschienenen Vorträge und auch der erschienenen Bühnenwerke und dramatischen Schriftwerke eindeutig geklärt. An einem Autorschutz von Werken der Tonkunst der rundfunkmäßigen Wiedergabe gegenüber hatte von allem Anfang an kein Zweifel geherrscht, da eine Sendung dieser Werke stets als öffentliche Aufführung im Sinne des § 11 Abs. II LUG. angesehen worden ist (vgl. dazu Neugebauer, 3. Aufl., S. 829 und die dort zitierte Literatur; eingehend auch Marwitz-Möhring, S. 127, Anm. 37 zu § 11).

In der Literatur sind bei der Beurteilung der Frage, wie die rundfunkmäßige Wiedergabe urheberrechtlich geschützter Werke zu bewerten ist, alle nur denkbaren Theorien vertreten worden.

Man hat einmal argumentiert: Die rundfunkmäßige Wiedergabe eines Werkes ist mangels ausdrücklicher gesetzlicher Bestimmung aufzufassen als Vortrag: Vortragstheorie und daraus unter den Voraussetzungen des § 11 Abs. III LUG. den Urheberschutz für erschienene Schriftwerke und Vorträge verneint.

Zu dem entgegengesetzten Resultat kommen die beiden anderen wichtigen Theorien, die schon oben genannte Verbreitungstheorie und die Vervielfältigungstheorie, beide jedoch auf verschiedenem Wege. Während also die Vertreter der Verbreitungs- und Vervielfältigungstheorie dem richtigen Rechte schon de lege lata glauben dienen zu können, rufen die Vertreter der Vortragstheorie nach dem

Gesetzgeber, der die Lücke ausfüllen soll; und zwar, da lex ita scripta est, die Gesetzeslücke. An ein wirkliches Recht der Rundfunkgesellschaften den Autoren gegenüber wollen auch die Vortragstheoretiker nicht glauben[6], und deshalb rufen sie nach dem Gesetzgeber, der den nach ihrer Meinung nach geltendem Recht unbefriedigenden Ausgleich der Interessen des Autors und der Interessen der Sendegesellschaften legislatorisch sicherstellen soll.

Es kann nicht Zweck dieser Abhandlung sein, die genannten Theorien[7] ausführlich zu besprechen. In einer langen Reihe von Aufsätzen sind alle Einzelheiten für und wider klar und ausführlich behandelt worden. Es sei an dieser Stelle nur auf die Ausführungen von Osterrieth: GRUR. **1925**, 263, und von Hoffmann: GRUR. **1926**, 264, 373; Arch. f. Funkr. **1928**, 228, für die Vortragstheorie, auf den zusammenfassenden Aufsatz von Elster: Arch. f. Funkr. **1928**, 213, für die Vervielfältigungstheorie, auf Goldbaum: GRUR. **1925**, 230; Arch. f. Funkr. **1928**, 210, und auf die umfassende Übersicht bei Neugebauer: 3. Aufl., S. 817ff., verwiesen.

Im Rahmen dieser Untersuchung sind die genannten Theorien nur deshalb heranzuziehen, um zu der Frage einer eventuellen Neufassung des § 11 LUG. Stellung zu nehmen. Es bedarf keiner besonderen Darlegungen, daß die Urheber einer neuen Verwertungsmöglichkeit ihrer Werke gegenüber zumindest grundsätzlich zu schützen sind, will man ihr Recht nicht völlig einseitig zugunsten anderer Interessen unterdrücken!

Um es vorwegzunehmen: Keine der drei Theorien scheint derart überzeugend, daß sie die beiden anderen klar aus dem Felde zu schlagen imstande wäre. Wenn auch jede von ihnen einen richtigen Kern hat, so sind ihr doch von ihren Gegnern Mängel nachgewiesen worden, die nicht aus der Welt zu schaffen sind[8]. Und schon deshalb muß es ratsam erscheinen, die heute reichlich verwässerte Lage durch Eingreifen des Gesetzgebers zu beseitigen und klare, eindeutige Verhältnisse zu schaffen.

---

[6] In diesem Sinne hätte ja auch die Vortragstheorie (was Goldbaum: Arch. f. Funkr. **1928**, 212, als eines der wesentlichsten Gegenargumente betrachtet) keinen guten sozialen Beigeschmack.

[7] Zu den genannten Theorien kommt noch als allerdings heute völlig widerlegte die sog. Bearbeitungstheorie, die lediglich von Reiche: Funkrecht, S. 45, 105, und neuerdings auch von Reininger: S. 18, vertreten worden ist und die in der funkmäßigen Wiedergabe eine Bearbeitung des Werkes in Sachen des § 12 LUG. erblickt. Zur Widerlegung dieser Auffassung sei auf die Ausführungen Neugebauers: 3. Aufl., S. 817, verwiesen.

[8] Vgl. hierzu Opet: Gruchots Beitr., N. F. **5**, 481, 482. — Ferner Marwitz u. Möhring: S. 127 (Anm. 37 zu § 11 LUG.): „. . . weder der Tatbestand der Verbreitung (a. a. O., S. 113ff.), noch der Aufführung, noch der des Vortrages (a. a. O., S. 113f., 127), . . . noch auch der Vervielfältigung“ (a. a. O., S. 111) . . . liegt vor! — Siehe auch Neugebauer: 3. Aufl., S. 824.

Das wird selbst von einem der eifrigsten und leidenschaftlichsten Anhänger der Verbreitungstheorie, Goldbaum, nicht verkannt, der (Urheberrecht, S. 139) de lege ferenda den Vorschlag macht, in den § 11 LUG. an geeigneter Stelle die Worte „und zu senden" einzuschieben. Davon wird noch ausführlicher zu sprechen sein.

Die Verbreitungstheorie, die nach den zitierten Reichsgerichtsentscheidungen als die herrschende angesehen werden muß, hat den Vorteil, zu einem Resultat zu kommen, das dem Rechtsgefühl entspricht: dem Autor darf das Recht, über sein Werk auch hinsichtlich der funkmäßigen Wiedergabe zu entscheiden, nicht genommen werden. Zweifellos sind es auch diese praktischen Erwägungen gewesen, die fast alle Gerichte zu dieser Theorie geführt haben. — Ein weiterer Vorteil dieser Auffassung ist die einheitliche Beurteilung von literarischen und musikalischen Werken.

Die Begründung, die diese Ansicht durch das Reichsgericht gefunden hat, ist zu bekannt, als daß es nötig wäre, sie hier in vollem Umfang zu wiederholen. Die Rundfunksendungen sollen etwas vom Vortrag völlig verschiedenes sein; es bestehe ein erheblicher Unterschied im Umfang des Wirkungsbereichs und ferner sei ein augenfälliger Unterschied in den Wechselbeziehungen zwischen Sprecher und Hörer gegeben; aus wirtschaftlichen Gründen sei ferner eine einschränkende Auslegung des Begriffes „Vortrag" geboten.

Leider ist nun diese vom Reichsgericht bestätigte Theorie der Auslegungslücke vom Reichsgericht nicht mit so überzeugenden Gründen ausgestattet worden, daß daraufhin der Widerspruch verstummt wäre. Im Gegenteil haben die Anhänger sowohl der Vervielfältigungs- als auch der Vortragstheorie es nicht allzu schwer gehabt, diesen beiden Reichsgerichtsurteilen eine Reihe von Unklarheiten vorzuwerfen[9].

Die Vortragstheorie hat demgegenüber für sich die klare Entwicklung des deutschen Urheberrechts im Gegensatz zur romanischen

---

[9] Das Reichsgericht hätte damals die Gelegenheit gehabt, durch tiefgehende und alle wesentlichen Punkte berührende Entscheidungen die Lage eindeutig zu klären. Das ist leider nicht der Fall gewesen, und man kann dem Urteil Willy Hoffmanns nicht widersprechen (Arch. f. Funkr. **1928**, 229f.): „Als Fazit des Urteils bleibt also: Die rundfunkmäßige Wiedergabe ist kein Vortrag, sie ist eine Vervielfältigung, sie ist auch eine Verbreitung; so ergibt eine Nachprüfung der Urteilsbegründung, daß nach diesem Urteile jedwede Vermittlung des Werkes an Dritte eine Verbreitung ist. Die Verbreitung wird damit zum Oberbegriff ausgedehnt, wird gleich der Wiedergabe gesetzt, vereinigt also in sich das droit de reproduction und droit de représentation, worin nach französischer Auffassung das materielle droit d'auteur (im Gegensatz zum droit moral) beruht. Mit anderen Worten: Während das Reichsgericht anfangs expressis verbis das Bestehen eines droit d'auteur negiert, dehnt es durch eine Prokrustesprozedur den Begriff der Verbreitung zum droit d'auteur aus. Und das kann niemals Gesetzesauslegung sein!"

Auffassung. Da das germanische Recht ein umfassendes Vollrecht, ein droit d'auteur im romanischen Sinne nicht kennt, muß der Gesetzgeber durch Ergänzung des Literaturhebergesetzes in Form einer Novelle weitere urheberrechtliche Befugnisse gesetzlich normieren. Die Novelle von 1910 beweist, daß es sich nicht um eine Auslegungslücke handelte, die der Gesetzgeber ruhig der Rechtsprechung hätte überlassen können.

Demgegenüber ist nichts einzuwenden. Einzuwenden ist aber, daß hier im Abs. III des § 11 LUG. eine Ausnahme von der Regel des Abs. I geschaffen ist und daß es sich mit den Auslegungsprinzipien nicht verträgt, wenn eine Ausnahme extensiv interpretiert wird[10].

Elster, als Hauptvertreter der Vervielfältigungstheorie, hat darauf hingewiesen, daß das Reichsgericht zwar die Verbreitungstheorie angenommen, weil schon sie „das Urteil trage", die Vervielfältigungstheorie aber nicht abgelehnt habe. Das besagt aber durchaus nichts für die Richtigkeit der Elsterschen Theorie. Daß man, wenn man sich an eine mit der Zeit fortschreitende sinngemäße Auslegung hält, auch den Begriff der Vervielfältigung ebenso wie den der Verbreitung neu deuten kann, ist unbestritten. Aber daß deshalb die Vervielfältigungstheorie die richtige sein soll, vermag ich nicht anzuerkennen.

Aus dem Folgenden wird hervorgehen, daß auf diesen Punkt auch nicht näher eingegangen werden muß. Für uns gilt die Frage: wo liegt die gerechte Grenze zwischen Autorschutz und Recht der Allgemeinheit? Dabei aber können wir, wollen wir nicht gerade die Elstersche Theorie als die allein richtige hinstellen, — und das sei ferne —, von der einen Seite her von der Verbreitungstheorie ausgehen, die nun einmal die herrschende ist, von der anderen aber von der entgegengesetzten Vortragstheorie. Die Vervielfältigungstheorie führt ja, wie schon gesagt, zum gleichen Resultat wie die herrschende Meinung.

Jetzt aber scheint es endlich am Platze, vom Theorienstreit loszukommen. Das heute geltende Funkrecht ist (wie wir oben gesehen haben) in den urheberrechtlichen Fragen, soweit sie nichts weiter betreffen als die Frage des unmittelbaren Autorenschutzes, seit dem 12. Mai 1926 eindeutig geklärt[11]! Die Rechtsprechung hat den Urhebern den klaren Schutz des § 11 Abs. I LUG. zugesprochen, geleitet von wirtschaftlichen Erwägungen, die sich stark auf das Rechtsgefühl stützten und diesem dann die juristische Begründung anzupassen suchten.

---

[10] Und schließlich können auch die Ausführungen von Fuchs: GRUR. **1926**, 73ff., nicht ohne weiteres mit einem Achselzucken abgetan werden. — Vgl. dazu auch Neugebauer: 3. Aufl., S. 826f. (die Vortragstheorie ablehnend).

[11] Daß trotz der Reichsgerichtsurteile viele urheberrechtlichen Fragen ungeklärt geblieben sind, ist unbestritten; davon wird noch zu sprechen sein.

§ 7. Ergänzung des Gesetzes?

Trotzdem erscheint es erforderlich, diesen Zustand gesetzlich festzulegen[12]. Vom Standpunkt der Vortragstheorie aus würde er ja das ausschließliche Recht der funkmäßigen Wiedergabe für den Urheber erst begründen. Aber selbst vom Standpunkt der herrschenden Meinung aus ist eine klare gesetzliche Bestimmung unentbehrlich. Einmal haben die vagen Entscheidungen des Reichsgerichts in dieser Frage nicht zur Klärung der Rechtslage beitragen können. Vervielfältigungs- und Vortragstheorie haben den Kampf nicht aufgegeben, sondern mit schärferen Waffen fortgeführt. Klarheit aber muß in diesen Grundfragen des Funkurheberrechts herrschen, will man legislatorisch an die Interessenabwägung Autorrecht — Allgemeinheitsrecht herantreten.

Zum anderen muß eine Novelle vom rechtssystematischen Standpunkt gefordert werden. Das zeigt die geschichtliche Entwicklung, auf die Osterrieth und Hoffmann a. a. O. immer wieder hingewiesen haben. Wenn man glaubte, nicht ohne eine Novelle hinsichtlich der neuentwickelten Grammophonindustrie auskommen zu können, so geht es nicht an, heute darauf zu pochen, daß die 1910er Novelle des Urheberrechtsgesetzes ein Armutszeugnis für die Wissenschaft gewesen sei, wie es Elster in Arch. f. Funkr. **1928**, 214 tut. Gewiß, es gibt ein virtuelles Bild des Rechts, das sich aus dem Urheberrechtsgesetz als Ganzem ergibt. Ebenso richtig ist es, daß dieses virtuelle Bild des in scharfen Konturen umrissenen Gesetzes von der Wissenschaft zu zeichnen (und auch mit Erfolg gezeichnet worden!) ist. Warum aber sollte die Urheberrechtswissenschaft im Fall einer neuen Funknovelle ihren Bankrott erklären? Hierhin kann ich Elster: a. a. O., S. 214, nicht folgen. Gilt es doch, dem Theorienstreit den Boden zu entziehen, gilt es doch, klarzustellen, daß die funkmäßige Wiedergabe keine Verbreitung, keine Vervielfältigung, kein Vortrag, sondern eben eine selbständige, dem Autor vorzubehaltende Befugnis ist[13]. Solange nicht von einer Seite mit klaren Gründen, gegen die es kein Wenn und Aber gibt, bewiesen ist, daß diese Theorie

[12] Auf dem gleichen Standpunkt stehen fast alle Beantworter in „Zur deutschen und österreichischen Urheberrechtsreform" in Ufita **1929**, 125ff., Frage VIII, Ziff. 8, S. 156. — Ebenso der Entwurf eines Urheberschutzgesetzes von Goldbaum u. Wolff: Ufita **1929**, 185ff., §§ 12, 13 Ziff. 1. — Ebenso Neugebauer: 3. Aufl., S. 825 oben.

[13] Ich glaube nicht, daß die Vertreter der Verbreitungstheorie, weil ihnen das Reichsgericht gefolgt ist, nunmehr an die ausschließliche Richtigkeit ihrer Meinung glauben. Die schwache Argumentierung gerade dieser beiden Urteile wird sie nicht sicherer gemacht haben. — Andererseits hat ja auch Willy Hoffmann als bedeutendster Vertreter der Vortragstheorie zu dem Hauptpunkt, der gegen seine Theorie spricht, noch nicht Stellung genommen, d. h. er hat nicht

die allein richtige ist, brauchen wir zur Klärung der heute faktisch zwar entschiedenen, aber doch verwässerten Rechtslage eine eindeutige gesetzliche Bestimmung.

§ 8. Wie zu fassen? Wo einzufügen?

a) Bisher vertretene Vorschläge.

Goldbaum, der als Hauptvertreter der heute herrschenden Meinung gewiß keine Regelung durch Änderung des Literaturuhrheberrechtsgesetzes für erforderlich halten müßte, hat sich diesen Erwägungen nicht verschlossen. S. 139 seines „Urheberrecht ..." schlägt er vor, in den § 11 Abs. I die Worte „und zu senden" an geeigneter Stelle einzuschieben[14].

Hoffmann hat (Arch. f. Funkr. **1929**, 261) darauf hingewiesen, daß es der Struktur des deutschen Urheberrechtsgesetzes durchaus entsprechen würde, die Verfunkung des Werkes als besondere urheberrechtliche Befugnis zu normieren. Der gleiche Gedankengang ist in den bisherigen Ausführungen dieser Abhandlung erfolgt.

Es bliebe noch zu prüfen, an welcher Stelle und in welcher Form die dem Urheber zu wahrende ausschließliche Befugnis des Rundfunksenderechts dem Urheberrechtsgesetz einzufügen ist.

In der Literatur ist bisher neben dem schon erwähnten Vorschlag Goldbaums nur noch von Hoffmann in dem ebenfalls schon zitierten Aufsatz Arch. f. Funkr. **1929**, 247ff. (260) ein konkreter Vorschlag gemacht worden. Hoffmann bringt die dem Autor einzuräumende Befugnis im Zusammenhang mit einem einheitlichen Funkparagraphen, der etwa hinter dem bisherigen § 11 in das Literaturuhrheberrechtsgesetz einzufügen wäre. Zusammenfassend sind dort die urheberrechtlichen Befugnisse der funkmäßigen Wiedergabe mit den Fragen einer zu schaffenden gesetzlichen Lizenz behandelt. Dieser Weg hat den Vorzug, daß alle funkrechtlichen Bestimmungen an der gleichen Stelle und zusammenhängend neu einzufügen wären, daß im Urheberrechtsgesetz (betreffend Werke der Literatur und der Tonkunst) in Zukunft ein typischer „Rundfunkparagraph" zu finden wäre.

---

leugnen können, daß er die Ausnahmebestimmung des Abs. III des § 11 LUG. extensiv interpretiert. Elster scheint am hartnäckigsten an seiner Theorie festhalten zu wollen, die ja im übrigen nicht allzu viele Anhänger gefunden hat.

[14] Goldbaum verfolgt damit allerdings den Zweck, eindeutig klarzustellen, daß das Senden durch Radio keine Aufführung ist, ohne Unterschied, ob es sich um musikalische oder Sprechtöne handelt, eine Ansicht, die von ihm stets in zahlreichen Aufsätzen vertreten worden ist (vgl. nur JW. **1925**, 930 und „Urheberrecht ..." a. a. O. und S. 141). Immerhin dürfte Goldbaum auch die obengenannten Gedankengänge erwogen haben; denn hätte er es lediglich auf die Klarstellung der Frage Aufführung oder keine Aufführung abstellen wollen, dann hätten sich auch andere Wege gefunden, um dies im Gesetz zum Ausdruck zu bringen.

b) Eigener Vorschlag.

Aus systematischen Gründen soll hier eine Einfügung in den Text des bisherigen § 11 Abs. I vorgezogen werden. Der § 11 LUG. normiert zusammen mit dem § 12 Abs. I die dem Urheber auf Grund des Urheberschutzes gesicherten ausschließlichen Befugnisse: das erschienene Werk zu vervielfältigen (§ 11 Abs. I) und gewerbsmäßig zu verbreiten (§ 11 Abs. I), zu bearbeiten (§ 12 Abs. I), den Inhalt eines noch nicht erschienenen und auch öffentlich nicht mitgeteilten Werkes öffentlich mitzuteilen (§ 11 Abs. I), ein noch nicht erschienenes Werk öffentlich vorzutragen (§ 11 Abs. III), das Werk, wenn es ein Bühnenwerk oder ein Werk der Tonkunst ist, öffentlich aufzuführen (§ 11 Abs. II). Eine neue Befugnis gehört in erster Linie an diese Stelle!

Somit halte ich, dem Vorschlag Goldbaums entsprechend, eine Einfügung in den Abs. I des § 11 LUG. an passender Stelle für zweckmäßig.

Als Vorbild für die Fassung der neuen Bestimmung kann hier die zwischenstaatliche Fassung der gleichen Bestimmung dienen. Neugebauer weist in seinem Bericht über den Rundfunk auf der Romkonferenz (Arch. f. Funkr. **1928**, 296, 297) darauf hin, daß die Fassung des Art. 11bis Rev. Berner Übereinkunft: RBUe. es vermieden hat, die Rundfunkverbreitung unter eine der übrigen Formen der Benutzung eines Werkes zu bringen und daß dort eine besondere Ausdrucksform dafür gefunden worden ist: communication au public par la radiodiffusion (vgl. dazu auch Goldbaum: Berner Übereinkunft, S. 66). Neugebauer kennzeichnet diesen Leitsatz als „Grundsatz des ausschließlichen Rechts des Autors zur funkmäßigen Wiedergabe seines Werkes“.

Von diesem „ausschließlichen Recht des Autors zur funkmäßigen Wiedergabe seines Werkes“ wird auszugehen sein. Willy Hoffmann hat in der von ihm vorgeschlagenen Fassung a. a. O., S. 260 für „Recht“ das Wort „Befugnis“ gesetzt, was sachlich keinen Unterschied bedeutet, sich aber an die Ausdrucksweise der alten Fassung des § 11 LUG. anpaßt. Und daran kann festgehalten werden.

Ein neuer Abs. I des § 11 LUG. würde demnach zweckmäßig wie folgt lauten:

> „Der Urheber hat die ausschließliche Befugnis, das Werk zu vervielfältigen, gewerbsmäßig zu verbreiten und funkmäßig wiederzugeben; die ausschließliche . . . . . befugt.“ —

Dabei würde zu beachten sein, daß unter der funkmäßigen Wiedergabe jede Übermittlung an die Öffentlichkeit mit Hilfe Hertzscher Wellen zu verstehen sein würde, einerlei ob hierbei Zeichen, Töne oder

Bilder übertragen werden. Eine Beschränkung auf den Rundfunk für Zwecke der Belehrung und Unterhaltung könnte in diesen Begriff nicht einbezogen werden. Das kann nicht deutlicher ausgedrückt werden, als es bei Hoffmann: a. a. O., S. 261, formuliert ist: „Durch die Bezeichnung ‚funkmäßige Wiedergabe' wird die besondere Voraussetzung dieses Tatbestandes scharf kenntlich gemacht. Es wird hierbei ein Doppeltes verlangt: die Tätigkeit des Sendens, des Projizierens von elektrischen Strömen, die für sich allein urheberrechtlich irrevelant ist, und dazu die Tätigkeit der Wiedergabe des Werkes, die für sich allein gleichfalls urheberrechtlich irrevelant ist. Erst wenn beide Tätigkeiten im Zusammenarbeiten vereinigt sind, wenn also die Wiedergabe von Hertzschen Wellen in die Unendlichkeit hinausgetragen wird, liegt eine funkmäßige Wiedergabe vor."

§ 9. Beeinflussung der heutigen Rechtslage durch die vorgeschlagene Bestimmung.

Eine derartige gesetzliche Regelung hätte noch andere als die schon gekennzeichneten (Beseitigung des Theorienstreits!) Wirkungen für die zukünftige Gestaltung des Funkrechts.

Zunächst könnte es keinem Zweifel mehr unterliegen, daß das Senden durch Radio in keinem Fall eine Aufführung ist, ganz gleich, ob es sich um ein Schriftwerk oder um ein Werk der Tonkunst handelt. Das würde aus einer Vergleichung des neugefaßten Abs. I und des bisherigen Abs. II (der ja unverändert bleibt!) klar ersichtlich. Die funkmäßige Wiedergabe würde zu einer neuen selbständigen Befugnis, die dem Urheber vorbehalten wird.

Daraus würde weiter resultieren: für einen Theaterunternehmer wäre durch Erteilung einer örtlich ausschließlichen Aufführungslizenz an einer Oper oder einer Operette kein Recht mehr begründet, die rundfunkmäßige Wiedergabe des betreffenden Werkes zu verbieten. Andererseits könnte der zur bühnenmäßigen Aufführung Berechtigte nun der Sendegesellschaft nicht mehr die Erlaubnis geben, die bühnenmäßige Aufführung durch den Sender wiederzugeben, weil sein Recht sich nur auf die bühnenmäßige Aufführung erstrecken würde, das Recht der funkmäßigen Wiedergabe aber durch die Neufassung des Abs. I zu einer selbständigen Befugnis gestaltet wäre.

Noch eine weitere Streitfrage wäre eindeutig entschieden: die Frage, ob trotz Abschlusses eines Verlagsvertrages oder bei Übertragung des Aufführungsrechts das Recht der funkmäßigen Wiedergabe dem Urheber verbleibt; und zwar entschieden zugunsten der Urheber. Weder dem Verleger noch dem Inhaber des Aufführungsrechts würde also ein Untersagungsanspruch hinsichtlich der funkmäßigen Wiedergabe zustehen[15].

Daß im übrigen der Urheber dieses neue Recht der funkmäßigen Wiedergabe seines Werkes nicht selbst auszuüben in der Lage ist, bedarf kaum eines besonderen Hinweises und ergibt sich aus dem Funkhoheitsrecht des Reiches.

Diese Lösung der Streitfrage „Verbreitung, Vervielfältigung oder Vortrag?“ würde für die rechtliche Beurteilung der Lautsprechervorführungen keine klare Lösung bringen. In der Literatur ist überwiegend die Meinung vertreten worden, daß in der Aufstellung eines Lautsprechers eine besondere Verbreitungshandlung zu erblicken sei (so Neugebauer, III. Aufl., S. 844 und die dort Anm. 48 zitierte weitere Literatur). Die in dieser Abhandlung vorgeschlagene Neufassung des § 11 LUG. würde dieser Meinung nicht entgegentreten können, da dem Urheber nur die funkmäßige Wiedergabe als solche vorbehalten ist. Im Sinne der soeben genannten Auffassung handelt es sich dagegen bei der Aufstellung eines Lautsprechers erst um die Zugänglichmachung des funkmäßig wiedergegebenen Stoffes an die im Bereich des Lautsprechers befindliche und in diesen Bereich gelangende Öffentlichkeit: mithin soll eine Handlung vorliegen, die die Kenntnis des Werkes dieser Öffentlichkeit in einer besonderen Weise vermittelt.

Mir scheint diese Auffassung nicht richtig; meines Erachtens (so namentlich auch Hoffmann: BlFr. **1927**, 173, 207) ist die Aufstellung eines Lautsprechers in öffentlichen Lokalen keine urheberrechtlich bedeutsame Handlung, da das Werk durch den Lautsprecher nicht funkmäßig wiedergegeben wird, die funkmäßige Wiedergabe vielmehr einzig und allein von der Sendegesellschaft ausgeübt wird und die „Verbreitung“ durch den Lautsprecher erst durch die (erlaubte) funkmäßige Wiedergabe der Sendegesellschaft ermöglicht wird. Sobald nun der Urheber seine Zustimmung zu der funkmäßigen Wiedergabe der Sendegesellschaft gegenüber gegeben hat, ist die Sendung der Sendegesellschaft zulässig und kann dem Urheber gegenüber nicht dadurch unzulässig werden, daß vermittels eines Lautsprechers ein weiterer Teil der Öffentlichkeit der Sendung lauschen kann[16].

[15] Praktisch ist diese Streitfrage schon heute im gleichen Sinne entschieden durch das Urteil des Reichsgerichts vom 16. Februar 1929 (I 320/28), abgedruckt Arch. f. Funkr. **1929**, 384ff. — Es bedarf also nicht noch einer besonderen Vorschrift, um diese Streitfrage zu klären, wie dies Reininger: a. a. O., S. 62, im Anschluß an den § 14 LUG. (Einführung einer Nr. 6: „die Benutzung des Werkes zum Zwecke des Rundfunks“) für nötig hielt.

[16] Ganz anders liegen die Fragen des Schutzes der Sendegesellschaften gegenüber dem mittels Lautsprecher die Sendung verwertenden Rundfunkteilnehmers. Dieser Punkt wird uns in anderem Zusammenhang noch beschäftigen müssen.

Wenn nun die urheberrechtliche Bedeutung des Lautsprechers durch die vorgeschlagene Neufassung des § 11 LUG. nicht eindeutig gelöst wird, so ist das meines Erachtens nicht von Nachteil. Man kann diese Einzelheit ohne Bedenken der Rechtsprechung zur Klärung überlassen, die sich, soweit ich das Material übersehe, nur einmal mit diesem Fall beschäftigt hat (Arch. f. Funkr. **1928**, 403). Es geht nicht an, zur Klärung jeder Streitfrage nach dem Gesetzgeber zu rufen.

III. Gesetzliche Lizenz zugunsten des Rundfunks.

§ 10. Begriff der gesetzlichen Lizenz.

Nach der Einführung der genannten Bestimmung wäre also der Theorienstreit behoben, an der schon heute tatsächlich herrschenden Rechtslage aber nichts geändert. Einseitig geschützt ist bis jetzt nur das Recht der Autoren. Oben ist bereits gesagt worden, daß ein Recht der Allgemeinheit ein wirksam geschütztes Urheberrecht voraussetzt. Dort war auch schon gesagt, daß das Funkrecht in seiner heutigen Gestalt ein solches Recht der Allgemeinheit noch nicht anerkannt hat. Und oben war auch schon dargelegt, aus welchen Gründen der Urheberschutz kein zu weit gehender, kein rein einseitiger sein darf. Jetzt muß zu der Frage: für oder wider gesetzliche Lizenz? eindeutig Stellung genommen werden.

Dabei ist vorauszuschicken: Unter gesetzlicher Lizenz[17] soll verstanden werden die vom Gesetzgeber erteilte Erlaubnis, das urheberrechtlich geschützte Werk unter bestimmten Voraussetzungen nach irgendeiner Hinsicht zu verwerten (siehe dazu Hoffmann: Arch. f. Funkr. **1929**, 250). Hoffmann hat (a. a. O., S. 247ff., insbesondere S. 250—252) darauf hingewiesen, daß eine solche gesetzliche Lizenz im Urheberrechte in den verschiedensten Gestaltungen viel weiter verbreitet ist, als man gewöhnlich annimmt. Er bringt dafür eine Reihe höchst interessanter Beispiele aus den einzelnen Landesrechten. Darauf kann an dieser Stelle ausdrücklich verwiesen werden.

§ 11. Die gesetzliche Lizenz im deutschen Urheberrecht. — Können de lege ferenda diese bereits bekannten Tatbestände verwertet werden?

Im deutschen Recht findet sich eine solche gesetzliche Lizenz bisher nur zugunsten der mechanischen Musikindustrie[18]. Bei der Einführung dieser Bestimmung galt es, einen Ausgleich zu schaffen

---

[17] Der früher allgemein gebräuchliche Ausdruck „Zwangslizenz" kann leicht zu Mißverständnissen führen und ist deshalb besser nicht zu gebrauchen: vgl. dazu Baum: Bl. f. Funkr. **1927**, 88.

[18] Ebenso wie in Bulgarien, Großbritannien, Österreich, Schweiz und USA.: vgl. Hoffmann: a. a. O., S. 252.

für die schroff gegenüberstehenden Interessen der Urheber und der mechanischen Musikindustrie, galt es weiterhin die deutsche Industrie der größeren Kapitalkraft der ausländischen gegenüber zu sichern, galt es endlich, ein Recht der Allgemeinheit zu sanktionieren, weil durch Verhinderung einer Monopolbildung der als ersten zur mechanischen Wiedergabe des Werkes ermächtigten Gesellschaft der freie Wettbewerb offen gehalten werden sollte und dadurch jede Gesellschaft verpflichtet wurde, die Werke so vollkommen wie nur möglich wiederzugeben, wollte sie nicht von technisch besser fundierten Konkurrenzunternehmungen an die Wand gedrückt werden[19]. Damals hätte man als Vorbild die Zwangslizenz des Patentrechts heranziehen können. Baum: BlFr. **1927**, 89, weist darauf hin, daß diese Regelung einem Ausübungszwang gleichgekommen wäre. Daher ließ man den obligatorischen Anspruch auf Gestattung der mechanischen Vervielfältigung erst dann entstehen, wenn der Urheber vorher einem anderen die Erlaubnis gegeben hatte und außerdem das Werk erschienen war. Bei einer solchen Regelung war also dem Urheber die Entscheidung darüber, ob sein Werk überhaupt mechanisch vervielfältigt werden durfte, gewahrt.

Es hat nahegelegen, an die Bestimmungen dieses § 22 LUG. anzuknüpfen, wenn man de lege ferenda die Einführung der gesetzlichen Lizenz für den Rundfunk wünschte[20]. So hat denn auch Reininger: a. a. O., S. 62f., für seinen Vorschlag zur Einführung der gesetzlichen Lizenz fast wörtlich an die §§ 22—22c LUG. angeknüpft; dort soll also den Sendegesellschaften die Erlaubnis, gegen angemessene Vergütung das Werk funkmäßig wiederzugeben, erst dann gewahrt werden, wenn der Autor bereits einer Sendegesellschaft das Recht zur funkmäßigen Wiedergabe gegeben hat und das Werk erschienen ist. Diese Lösung erscheint jedoch keineswegs glücklich. Schon Baum hat (a. a. O., S. 101) gezeigt, daß eine derartige Regelung der heute in Deutschland vorhandenen Organisation des Rundfunks nicht entsprechen würde. Denn es besteht heute in Deutschland rein juristisch zwar eine Mehrheit von Sendegesellschaften; da sich aber deren ganzes Kapital in der Hand der Reichs-Rundfunk-Gesellschaft m. b. H. befindet, steht den Urheberrechtsorganisationen nur ein ein-

[19] Über diese Novelle vom 22. Mai 1910 vgl. neben den Kommentaren auch Baum: a. a. O., der die Frage der gesetzlichen Lizenz im Urheberrecht ausführlich beleuchtet.

[20] Die von Reiche: Funkrecht, S. 55ff., bes. S. 57, vertretene Ansicht, den § 12 Abs. II Nr. 5 und § 2 Abs. II auf den durch Rundfunk erfolgenden persönlichen Vortrag anzuwenden, kann als völlig widerlegt (vgl. Neugebauer: 3. Aufl., S. 818, Anm. 9; Baum: a. a. O., S. 100) abgetan werden, so daß es feststeht, daß de lege lata die Verbreitung durch Rundfunk weder in den Wirkungsbereich der §§ 22ff. noch des § 12 Abs. II Ziff. 5, noch des § 2 Abs. II fällt.

ziges Sendeunternehmen gegenüber. Deshalb würde entweder die Reichs-Rundfunk-Gesellschaft oder eine ihrer Tochtergesellschaften den Vertrag mit dem Autor in der Praxis nicht für sich, sondern gleichzeitig für die gesamten, zu ihrem Konzern gehörigen Gesellschaften abschließen (zu dem Vorschlag Reiningers siehe auch Neugebauer: 3. Aufl., S. 876).

Wichtiger als dieser Einwand gegen Reininger scheint mir ein anderer. Praktisch wäre nämlich für die Rundfunkgesellschaften durchaus nichts gewonnen; es würde, wie schon angeführt, lediglich erreicht werden, daß der Autor, der einmal die Genehmigung zur Rundfunkübertragung erteilt hat, diese weiterhin nicht verweigern könnte. Nun wäre aber einmal in der Praxis nicht leicht festzustellen, welche Werke bereits rundfunkmäßig übertragen worden sind. Zum anderen würde ein Autor, der sein Werk dem Rundfunk einmal zur Verfügung gestellt hat, wohl nur in den seltensten Fällen einem anderen Sender die gleiche Genehmigung verweigern. Dem Autor bliebe also bei einer solchen Regelung vollkommen freigestellt, sein Werk dem Rundfunk dauernd zu verschließen. Das aber kann nicht Ziel einer einzuführenden gesetzlichen Lizenz sein. Mit Halbheiten ist in diesem Punkte nichts gewonnen. Das Recht der Allgemeinheit würde dann nach wie vor hinter dem Autorenrecht zurückstehen. Ein gerechter Ausgleich wäre nicht gefunden. Wollte man keine weitergehenden Forderungen de lege ferenda erheben, dann könnte man den einseitigen Interessen der Autoren entgegenkommen und alles beim status quo belassen.

§ 12. Gegner der gesetzlichen Lizenz für den Rundfunk und deren Argumente. — Auseinandersetzung mit diesen Ansichten und Versuch der Befürwortung einer gesetzlichen Lizenz.

Bevor ein eigener Vorschlag de lege ferenda hinsichtlich der gesetzlichen Lizenz gemacht werden kann, sind gründlich die Einwendungen zu prüfen, die gegen die Einführung der gesetzlichen Lizenz für den Rundfunk erhoben worden sind, muß es versucht werden, sie schlagend zu widerlegen.

Der leidenschaftlichste Gegner ist Goldbaum[21]. Neben ihm hat sich besonders Marwitz in Bl. f. Funkr. **1927**, 28ff. gegen die Einführung einer gesetzlichen Lizenz ausgesprochen. Während nun Goldbaum meines Erachtens unberechtigt Befürchtungen für den materiellen

[21] Goldbaum hat in seinem Kommentar zu Art. 11bis der RBUe (S. 65ff.) von einem „Expropriieren" der Autoren gesprochen und kommt dort völlig unsachlich zu Ausfällen, wie etwa, warum man nicht so weit gehen wolle, den Rundfunkgesellschaften das Recht hinzuwerfen, das Werk zu verstümmeln, warum man nicht einfach umsonst enteignen wolle (a. a. O., S. 67). Goldbaum hat in diesen Punkten eine scharfe und berechtigte Kritik gefunden.

Standpunkt des Autors geltend macht, sucht Marwitz nachzuweisen, daß die gesetzliche Lizenz einen unertragbaren Eingriff in die ideellen Rechte des Urhebers bedeuten, daß somit das Recht der Urheber in einer nicht zu ertragenden Weise zugunsten der Allgemeinheit beschnitten würde. Nun unterliegt es wohl keinem Zweifel, daß das Werk in seiner Urform für die rundfunkmäßige Wiedergabe nur in seltenen Fällen geeignet ist. In der Mehrzahl wird es ohne Änderungen, Kürzungen, Bearbeitungen nicht abgehen können. Daraus folgert Marwitz, daß es ohne Freigabe der Bearbeitung nicht möglich sein würde, eine gesetzliche Lizenz für den Rundfunk einzuführen. Und hierdurch eben würden die ideellen Rechte des Autors tiefgehend verletzt.

Zweifellos ist dieses Argument das wichtigste. Diese Bedenken aber können durch eine entsprechende Ausmessung der gesetzlichen Lizenz zerstreut werden. Weitgehende Garantien gewährt bereits die Tatsache, daß bei der Fassung der gesetzlichen Lizenz vom zwischenstaatlichen Recht der RBUe ausgegangen werden muß, das in der Regelung des Art. 11bis dem Autor ausdrücklich das droit moral (und auch die Nutzungsbefugnis) beläßt. Von dieser internationalen Regelung wird weiter unten noch ausführlich zu sprechen sein. Hier genügt der Hinweis auf das droit moral. Dieses Urheberpersönlichkeitsrecht muß weitgehend gewahrt werden; mit anderen Worten, dem Urheber muß es belassen werden, sich gegen eine Entstellung seines Werkes bei der funkmäßigen Wiedergabe zu wehren. Bei Verzerrungen, die sein Werk und damit seinen Namen in ein falsches Licht setzen würden, ist dem Autor ein Unterlassungsanspruch zu gewähren. Ihm weitergehend in jedem Fall auch die Möglichkeit zu geben, sein Werk dem Rundfunk überhaupt zu verschließen, hieße dagegen das Autorrecht dem Recht der Allgemeinheit gegenüber in den Hintergrund drängen. Ich betone: in jedem Fall! Es wird niemand bestreiten wollen, daß es in der deutschen Literatur, Musik und Kunst Werke gibt, die zur funkmäßigen Wiedergabe ungeeignet sind, deren ganzer Charakter dem an eine Vielzahl, mit einem Schlagwort, an die Masse gerichteten Rundfunk in keiner Weise entspricht. Es würde im Rahmen dieser Abhandlung zu weit führen, diese Behauptung mit Beispielen zu belegen, da es sich hierbei nicht mehr um juristische Fragen handeln würde. Wollte man diese genannten Werke funkmäßig wiedergeben, würde man ihrem Autor schweres Unrecht zufügen. Der Satz Hoffmanns (a. a. O., S. 256), daß der Kulturfaktor Rundfunk nicht der Gefahr ausgesetzt werden dürfe, auch nur einzelne Werke seiner Volksgenossen der Allgemeinheit nicht vermitteln zu können, weil deren Urheber, gestützt auf ihr Recht, ihr Werk der Öffentlichkeit vorenthalten wollten, daß hier die geistigen Interessen der Allgemeinheit stärker sein müßten als das egozentrische Interesse eines Einzelnen, ist nur bedingt richtig. Es geht nicht an, rein künstlerische Fragen derart allgemein zu behandeln. Es sind eben doch, wenn auch in geringer Zahl, Urheber und Werke vorhanden, bei denen das egozentrische Interesse eines Einzelnen in den Vordergrund zu stellen ist, da man bei diesen Werken von einem geistigen Interesse der Allgemeinheit gar nicht sprechen kann. Ein Werk, das sich, selbst wenn es erschienen ist, nur an einige wenige wendet, kann einem Recht der Allgemeinheit nicht unterworfen werden.

Zweifellos wird der Rundfunk auf ein Werk der eben skizzierten Art von allem Anfang an gern verzichten wollen. Dennoch muß ein Hinweis auf das Vorhandensein solcher Werke genügen, um zu zeigen, daß es in diesen rein künstlerischen Fragen nicht möglich ist, dem Autor die Verfügung über sein Werk vollkommen aus der Hand zu nehmen. Wollte man den Urheber bedingungslos zwingen, sein Werk dem Rundfunk zur Verfügung zu stellen, ohne ihm irgendwelche Einwendungen zugestehen zu wollen, so hieße das wirklich expropriieren. Es darf nicht übersehen werden, daß in den soeben gestreiften Fällen die materielle Entschädigung von durchaus nebensächlicher Bedeutung sein würde, zumindesten sein könnte. Es würde sich hier um einen Eingriff in das geistige Eigentum handeln, der in dieser allgemeinen Form nicht einen gerechten Ausgleich, sondern eine Vergewaltigung des Autorrechts durch das Recht der Allgemeinheit bedeuten würde.

Marwitz (a. a. O., S. 29) glaubt, daß das öffentliche Interesse nicht die Vermittlung eines ganz bestimmten Werkes erheische, da die Fülle literarischer und künstlerischer Schöpfungen überaus groß sei und da dann, wenn es sich um ein qualitativ hochstehendes Werk handle, der Urheber sich nur aus ganz bestimmten Gründen der Wiedergabe seines Werkes durch den Rundfunk widersetzen würde. Aus diesen Gründen hält Marwitz die gesetzliche Lizenz für ganz unvereinbar mit dem Recht des Urhebers.

Obwohl dieser Grundgedanke nicht als abwegig beiseite geschoben werden kann, erscheint es nicht am Platze, zu dem gleichen Resultat zu gelangen. Es geht nicht an, die Interessen der Allgemeinheit vollkommen vom guten Willen der Urheber abhängig zu machen. Das Urheberrecht darf nicht dem Starrsinn einzelnen Autoren den Rücken steifen. Deshalb muß die gesetzliche Lizenz in einer Form statuiert werden, die dem Autor beläßt, was er nicht preisgeben kann, die nicht das Recht des Urhebers zugunsten eines neu zu schaffenden Rechts der Allgemeinheit vernichtet, die ihn nicht einseitig benachteiligt. Ein gerechter Ausgleich soll gefunden werden!

Dieser gerechte Ausgleich scheint dann gesichert, wenn man das Recht der Allgemeinheit statuiert und den Sendegesellschaften die gesetzliche Lizenz gibt, die sie brauchen. Dem Urheber aber muß ein

Einspruchsrecht gegeben sein. Er darf nicht bedingungslos geistig enteignet werden. Indessen darf dieses Einspruchsrecht nicht so weit reichen, daß damit ohne weiteres das Werk dem Rundfunk verschlossen werden könnte. Das hieße der Willkür der Autoren Tür und Tor öffnen! Eine übergeordnete Instanz wird vielmehr zu entscheiden haben und abwägen müssen, ob hier das Interesse der Allgemeinheit überwiegt oder ob ein Ausnahmefall vorliegt, der das egozentrische Interesse in den Vordergrund rückt.

Im übrigen können die Sorgen, die sich Marwitz a. a. O. macht, als überwunden gelten. Das Werk als solches wird durch die rundfunkmäßige Wiedergabe heute nicht mehr entstellt (wie es in den Anfängen des Rundfunks tatsächlich der Fall war). Technisch mangelhafte Übertragungen werden immer seltener und werden in Kürze mit Sicherheit ganz ausgeschaltet sein. Auf diese Weise kann der Urheber heute eine Einbuße seines künstlerischen Rufes nicht befürchten; sein ideelles Recht wird durch die Übertragung als solche nicht berührt. Gerade deshalb wird auch die Bearbeitung zum Zwecke der funkmäßigen Wiedergabe der Sendegesellschaft freigestellt werden müssen. Eine solche Bearbeitung paßt das betreffende Werke der Wiedergabe durch das Mikrophon an, bewirkt durch Veränderungen akustischer Art, daß das Werk auch funkmäßig dem künstlerischen Rufe seines Autors gerecht bleibt.

Es ist ein Beweis für das Vertrauen, das die Autoren bzw. deren Verbände den Rundfunkgesellschaften entgegenbringen, daß das Bearbeitungsrecht den Sendegesellschaften auch heute schon teilweise vertraglich sichergestellt ist (die Gesellschaft für Senderechte hat ihren gesamten Werkbestand dem Rundfunk zur freien Verfügung gestellt; dazu siehe Magnus in Bl. f. Funkr. 1927, 103f.).

Alle anderen Bedenken, die Marwitz a. a. O. geltend macht, sind untergeordneter Bedeutung. Es kann ganz dahingestellt bleiben, ob die Einführung der gesetzlichen Lizenz für die Arbeit der Sendegesellschaften eine Erleichterung bedeuten würde oder nicht. Denn es soll lediglich bezweckt werden, den Sendegesellschaften zum Wohle der Allgemeinheit ein soweit als möglich gezogenes Arbeitsfeld zu öffnen, ohne daß sich überschwere Hindernisse verwaltungstechnischer Art einzuschieben vermöchten.

Gegner der gesetzlichen Lizenz haben weiterhin wiederholt darauf hingewiesen, daß der Rundfunk heute einer gesetzlichen Lizenz nicht mehr bedürfe, da dieser gesetzlich erstrebte Erfolg bereits durch vertragliche Bindungen der verschiedenen Autorenorganisationen erreicht sei (Näheres dazu siehe bei Hoffmann, a. a. O., S. 258, besonders aber bei Magnus, Bl. f. Funkr. **1927**, 104). Tatsächlich haben Gema (Genossenschaft zur Verwertung musikalischer Aufführungsrechte) und

GDT als Organisationen der musikalischen Autoren sowie die Gesellschaft für Senderechte für ihren Werkbestand Pauschalverträge mit dem Rundfunk abgeschlossen. Nun ist aber ein vertraglicher Zustand mit einem gesetzlich festgelegten nicht zu vergleichen. Ein Vertrag ist nicht auf eine Ewigkeit geschlossen; und deshalb können jederzeit die jetzigen Bedingungen umgestoßen werden. Tatsächlich wären die Sendegesellschaften völlig in die Hand der Autorenorganisationen gegeben, sobald es diesen gefallen würde, die bisherigen Verträge nicht zu den gleichen Bedingungen zu verlängern. Schon eine Erhöhung der Lizenzforderungen würde die Rundfunkgesellschaften in die schwierigste Lage bringen. Aber auch andere grundsätzlich neue Bestimmungen könnten jederzeit von den Organisationen der Urheber aufgestellt werden. Das Interesse der Allgemeinheit fordert demgegenüber, daß die deutschen Sendegesellschaften auf alle Zeiten in der Programmgestaltung sichergestellt sind und nicht vom guten oder bösen Willen der Autorenorganisationen abhängen. Die Weiterführung des Rundfunks darf nicht in die Hände der monopolartig organisierten Verbände der Autoren fallen, soll nicht das Recht der Allgemeinheit am deutschen Rundfunk auf das schwerste gefährdet werden. Aus diesen Gründen (Magnus, a. a. O., weist auch auf eine mögliche Zersplitterung der jetzt bestehenden Autorenverbände und die damit verbundenen Schwierigkeiten hin) müssen die Rundfunkgesellschaften eine völlige Unabhängigkeit von fremdem Einfluß erstreben, ohne daß ihnen diese Forderung als Stellungnahme gegen die Autoren gewertet werden kann.

§ 13. Gesetzliche Lizenz und zwischenstaatliches Recht.

Man kann an die Frage der Fassung einer gesetzlichen Lizenz für den Rundfunk nicht herangehen, ohne das zwischenstaatliche Recht eingehend gewürdigt zu haben, ist doch die Urhebergesetzgebung Deutschlands als Verbandsstaates der Berner Konvention von den Normen der Berner Übereinkunft völlig abhängig. Im übrigen zwingt ja auch der Charakter des Rundfunks, der an Landesgrenzen nicht halt macht, mehr als auf anderen Rechtsgebieten zur zwischenstaatlichen Regelung. — Vor der Romkonferenz vom 2. Juni 1928 hatte das Funkrecht in die Berner Übereinkunft zum Schutze von Werken der Literatur und Kunst noch keinen Eingang gefunden. Die Romkonferenz erst sollte eine klare Regelung der Rechtsbeziehungen zwischen Autor und Rundfunk bringen. Die Meinungen gingen allerdings weit auseinander, und deshalb sind viele Einzelheiten ungelöst geblieben.

Im Rahmen dieser Arbeit kann auf die ausführliche Literatur über diese Konferenz, insbesondere auf den Kommentar von Goldbaum, auf die Abhandlung von Neugebauer, Arch. f. Funkr. **1928**, 295ff.

und auch auf Hoffmann, a. a. O., S. 253, verwiesen werden. Hoffmann hat a. a. O. mit Recht darauf hingewiesen, daß die Regelung der Rundfunkfragen auf der Romkonferenz nicht ein Mißerfolg, ein „katastrophales Abweichen von den Wegen der Konvention" (Goldbaum), vielmehr eine Anerkennung des Rechts der Allgemeinheit bedeute. Es wurde neben dem Recht der Urheber ein gleichberechtigtes Recht geschaffen. Über die Entstehungsgeschichte des vielumstrittenen Rundfunkartikels (des Art. 11bis) vgl. die soeben zitierte Literatur und die Materialien. — Die endgültige Fassung, die der genannte Artikel erhielt, „stellt einen Kompromiß dar zwischen der auf die Ausschließlichkeit des Autorrechts eingestellten Richtung und denen, die geltend machen, daß beim Rundfunk wichtige Interessen der Allgemeinheit, der Öffentlichkeit, des Staates auf dem Spiele stehen, die nicht unberücksichtigt bleiben dürfen, da es, wie im bürgerlichen Rechte überhaupt, so auch in dem dem bürgerlichen Recht angehörigen Urheberrecht kein ausschließliches Recht gibt, das nicht Einschränkungen im öffentlichen Interesse der Allgemeinheit auf sich nehmen müßte" (Neugebauer, a. a. O.), bringt eine Formel, die das Recht der Allgemeinheit nicht ausdrücklich stipuliert, die Ausübung des Rechts des Urhebers auf funkmäßige Wiedergabe seines Werkes aber der internen Gesetzgebung überläßt, dabei jedoch als jus cogens das angemessene Honorar und die Wahrung der Urheberpersönlichkeit aufstellt.

Hoffmann hat a. a. O., S. 255f., gezeigt, daß als erster Staat Italien wenige Tage nach Unterzeichnung des Textes der Romkonferenz von der Möglichkeit, die gesetzliche Lizenz für die nationalen Sendegesellschaften einzuführen, Gebrauch gemacht hat (Gesetz vom 14. Juni 1928, vgl. den (italienischen) Text im Arch. f. Funkr. **1928**, 399, eine Inhaltsangabe in „Gesetzgebung und Rechtspraxis des Auslandes" Nr. 8, S. 125, 1928; siehe auch GRUR 1928, S. 759f. und oben S. 14).

Wiederholt ist in den bisherigen Ausführungen die Ansicht vertreten, daß es zur Anerkennung eines Rechts der Allgemeinheit auch für Deutschland erforderlich erscheint, eine gesetzliche Lizenz für die Sendegesellschaften zu schaffen. Wie aber soll sich eine gesetzliche Lizenz in den Rahmen des deutschen Urhebergesetzes einpassen, unter Berücksichtigung der bisherigen Darlegungen dieser Abhandlung und der soeben skizzierten Grundlinien des Art. 11bis RBUe?

§ 14. Bisher vertretene Vorschläge de lege ferenda und deren Würdigung.

Soweit ich die Literatur übersehe, sind bisher zwei konkrete Vorschläge gemacht worden. Der eine stammt von Reininger (a. a. O., S. 62f.) und ist mit wenig Worten abgetan. Denn Reininger will, wie weiter oben schon ausgeführt war, die gesetzliche Lizenz für den Rundfunk einführen in wörtlicher Anlehnung an die Fassung der §§ 22—22c LUG., d. h. er will die gleichen Grundsätze gelten lassen, die bisher für die gesetzliche Lizenz bei der mechanischen Vervielfältigung maßgebend waren. Dabei übersieht Reininger, daß beim Rundfunk von wesentlich anderen Voraussetzungen auszugehen ist. Die praktische Erfolglosigkeit des Vorschlages von Reininger war weiter oben schon gekennzeichnet.

Hoffmann (a. a. O., S. 260ff.) ist von anderen Gedankengängen geleitet worden. Er vermeidet den Hauptfehler Reiningers und stellt auf das Erschienensein eines Werkes, nicht auf das einmalige Erteilen der Genehmigung zur Rundfunkübertragung ab. Damit erst wird die gesetzliche Lizenz für den Rundfunk praktisch wirksam.

Hoffmann stellt als Voraussetzungen für die gesetzliche Lizenz folgende Erfordernisse auf: einmal das Erschienensein des Werkes, zweitens die Zahlung einer angemessenen Vergütung, schließlich Wahrung der persönlichen Interessen des Urhebers dadurch, daß die vom Gesetzgeber den Sendegesellschaften zu verleihende Befugnis, vom Urheber die Genehmigung zu der bereits erfolgten funkmäßigen Wiedergabe seines Werkes zu verlangen, diese nicht berechtigen soll, das Werk in jeder Art funkmäßig wiederzugeben (vgl. dazu im einzelnen Hoffmann, a. a. O.).

Dieser Vorschlag, der auf der Grundlage des Art. 11bis RBUe basiert, hat den Vorzug, die gesetzliche Lizenz zugunsten des Rundfunks in einer klaren, übersichtlichen Weise zu begründen. Die Fassung, die alle Rundfunkfragen in einem einzigen Paragraphen in das System des Literaturrhebergesetz einfügen würde, ist kurz, prägnant und bringt vom Hoffmannschen Standpunkt aus alles Nennenswerte deutlich zum Ausdruck, so daß Streitfragen hieraus kaum würden entstehen können.

Hoffmann, mit dessen Ausführungen über die außerordentliche kulturelle Bedeutung des Rundfunks und die damit verbundenen Pflichten der Sendegesellschaften der Allgemeinheit gegenüber ich völlig konform gehe, zeigt nun meines Erachtens das Bestreben, sich in der Interessenabwägung Autorrecht — Recht der Allgemeinheit allzu energisch für das Recht der Allgemeinheit zu entscheiden. Hoffmann stellt gewissermaßen den Gegenpol dar zu der von Goldbaum, a. a. O., S. 70 (zu Art. 11bis RBUe.) vertretenen Ansicht: „Es ist ganz ausgeschlossen, daß Deutschland der neuseeländischen Richtung der römischen Konferenz folgt und die bestehende Rechtslage in Deutschland (RGZ. **113**) gemäß Abs. II ändert.“

Diese wenigen Worte Goldbaums zeigen, daß man auf seiten der Autoren gewillt ist, der Einführung der gesetzlichen Lizenz für den

Rundfunk die größten Schwierigkeiten entgegenzusetzen. Das mag vom Standpunkt der Urheber aus verständlich sein. Ohne Reibungen, ohne Kompromisse wird es hier voraussichtlich nicht abgehen.

Goldbaum (a. a. O., S. 69) betont ausdrücklich, daß er sich nicht für den Urheber einsetzen wolle, der sein Werk der Öffentlichkeit, gestützt auf sein Recht, vorenthalten wolle. Doch er verlangt, wolle man die gesetzliche Lizenz für den Rundfunk begründen, auch die nötigen Garantien zur Sicherung der Urheber. Sein Vorwurf von der scheinbaren Aufrechterhaltung des Systems des ausschließlichen Rechts nach Einführung der gesetzlichen Lizenz sollte immerhin zu denken geben. Deshalb muß das Recht der Allgemeinheit zum Ausdruck gebracht werden in einer Form, die es nicht einseitig vor das Autorrecht stellt, in einer Form, die jedem Recht seine Eigenheiten wahrt. Dabei wird es zwar nicht ohne Zugeständnisse von beiden Seiten abgehen können, doch sollte das Ziel bei einer nicht übertrieben scharfen Form der gesetzlichen Lizenz zu erreichen sein.

Hoffmanns Fassung seines Abs. II Satz 1 („Die Rundfunkgesellschaften können verlangen, daß der Urheber eines erschienenen Werkes gegen eine angemessene Vergütung die Genehmigung zu dessen funkmäßiger Wiedergabe erteilt") schränkt das Urheberpersönlichkeitsrecht außerordentlich stark ein. Der Urheber verliert die Möglichkeit, über sein Werk zu verfügen, obwohl Abs. I der Hoffmannschen Fassung dem Urheber die ausschließliche Befugnis zur funkmäßigen Wiedergabe seines Werkes garantiert. Dieser Grundsatz des Abs. I würde also faktisch nur auf dem Papier stehen, wäre letzten Endes wohl nur deshalb in das Gesetz aufzunehmen, um entsprechend der heute herrschenden Rechtslage die rein wirtschaftlich nicht haltbare Vortragstheorie (Gesetzeslücke!) aufgeben zu können. Nun geht es aber meines Erachtens nicht an, in Abs. I dem Urheber die genannte Befugnis ausdrücklich zu gewährleisten, um ihm in Abs. II die gleiche Befugnis völlig wieder zu nehmen: denn dieser Abs. II läuft ja dahinaus, daß die Sendegesellschaft vom Urheber die Befugnis zu der bereits erfolgten funkmäßigen Wiedergabe seines Werkes verlangen kann. Der Urheber hätte danach keinerlei Möglichkeit, der Sendung seines Werkes durch eine Sendegesellschaft irgendwelche Einwendungen entgegenzusetzen. Es bliebe ihm lediglich die Möglichkeit, nach der funkmäßigen Wiedergabe seine Genehmigung zu verweigern, d. h. durch das Schiedsgericht den Eingriff in sein Urheberpersönlichkeitsrecht feststellen zu lassen, sofern er glaubt, daß sein Werk durch die funkmäßige Wiedergabe entstellt worden ist" (dazu Hoffmann, a. a. O., S. 263 oben). „Aus irgendwelchen höchst subjektiven Gründen wird er dagegen sein Werk der Verfunkung für die Allgemeinheit nicht entziehen können" (Hoffmann, a. a. O.).

Nun hieße es aber den Grundgedanken des Abs. I der Hoffmannschen Fassung in das Gegenteil verkehren, wollte man irgendwelche Einwendungen des Autors erst nach erfolgter Sendung zulassen. Denn es geht nicht an, in den besagten Abs. I hineininterpretieren zu wollen, daß er lediglich dem Urheber dank seiner „ausschließlichen Befugnis" eine angemessene Vergütung und eine — wie wir sahen — sehr beschränkte Wahrung seiner ideellen Rechte garantieren wolle (beides wird im Abs. II nachträglich gewährleistet, was ja nur den Prinzipien des Art. 11bis RBUe entspricht). Wollte man dieses Interpretieren unterlassen, dann hätte der Abs. I jeden Sinn verloren: Der Urheber hat die ausschließliche Befugnis, aber er hat sie infolge der gesetzlichen Lizenz (Abs. II!) nicht mehr! Die ausschließliche Befugnis des Urhebers, sein Werk funkmäßig wiederzugeben, kann eben nicht erst nach erfolgter Wiedergabe praktisch möglich werden. Das sind Widersprüche, die meines Erachtens auf Autorenseite derartigen Widerstand begegnen würden, daß ich die Formulierung des Abs. II der Hoffmannschen Fassung nicht für annehmbar halte. Damit wäre zwar das Recht der Allgemeinheit statuiert, das der Urheber aber zurückgedrängt. Die von Goldbaum für die Autoren geforderten Garantien wären nicht gegeben.

§ 15. Eigener Vorschlag und Begründung.

Der Grundgedanke Hoffmanns ist richtig. Nur muß er meines Erachtens anders formuliert werden. Rein subjektive Gründe eines Autors sollen nicht in jedem Fall geschützt werden (was ja selbst Goldbaum zugibt, wie wir gesehen haben). Aber ein gewisser Einfluß muß dem Autor auf das Schicksal seines Werkes gegeben werden. Er muß eine, wenn auch nur bedingte, Einspruchsmöglichkeit gegen die funkmäßige Wiedergabe behalten. Er muß darüber im klaren sein, ob und wo sein Werk funkmäßig wiedergegeben wird. Wenn er schon die alleinige freie Verfügung über sein Autorrecht zugunsten der Allgemeinheit verlieren, wenn ihm mit anderen Worten die Befugnis entzogen werden soll, sein Werk dem Rundfunk und damit der breitesten Öffentlichkeit zu verschließen, dann muß ihm offengehalten werden, über das funkmäßige Schicksal seines Werkes mitzubestimmen. Er muß die Möglichkeit haben, Einfluß auf die Darstellung zu gewinnen. Es muß ihm erlaubt werden, irgendwelche Wünsche betreffend die funkmäßige Wiedergabe seines Werkes darzutun. Ein Autor kann Interesse daran haben, sein Werk nur ungekürzt auch durch den Rundfunk zur Darstellung zu bringen. Er kann um Streichung einzelner Stellen bitten, die ihm für die funkmäßige Wiedergabe ungeeignet scheinen. Mit anderen Worten: Dem Urheber soll grundsatzmäßig die ausschließliche Befugnis der funkmäßigen Wiedergabe seines

Werkes sichergestellt sein. Diese seine Befugnis aber erleidet zugunsten eines zu schaffenden Rechts der Allgemeinheit Durchbrechungen dadurch, daß für die Sendegesellschaften eine gesetzliche Lizenz zu begründen ist. Kleinliche egoistische Erwägungen der Urheber, persönliche Voreingenommenheit den Rundfunk gegenüber, zu weitgehende finanzielle Forderungen müssen im Interesse der Allgemeinheit unterdrückt werden. Vor der funkmäßigen Wiedergabe, die grundsatzgemäß in Durchbrechung des Autorrechts den Sendegesellschaften freisteht, muß aber der Urheber verständigt sein. Es muß ihm möglich sein, Einwendungen zu erheben. Einwendungen, deren Berechtigung eine unparteiische Instanz zu prüfen haben wird.

Dieser Weg enthält meines Erachtens die einzige Möglichkeit, das Recht der Allgemeinheit durch eine gesetzliche Lizenz im Gesetz zu begründen, ohne die Urheber allzu fühlbar zu belasten. Und meines Erachtens sollte auf einem solchen Wege[22] der gerechte Ausgleich zwischen dem Recht des Einzelnen — dem Autor — und dem Recht der Allgemeinheit — vertreten durch den Rundfunk — zu erreichen sein.

Wie ist der soeben skizzierte Weg legislatorisch zu fassen?

Folgende Formulierung eines § 11a LUG. sei in Vorschlag gebracht:

Abs. I. Die Rundfunkgesellschaften sind berechtigt, die nach Maßgabe des § 1 dieses Gesetzes geschützten Werke, die im Deutschen Reich erschienen sind, nach vorhergehender schriftlicher Ankündigung beim Inhaber des Urheberrechts gegen eine angemessene Vergütung zu senden. Erhebt der Inhaber des Urheberrechts auf Grund dieser Ankündigung, die spätestens zwei Wochen vor der beabsichtigten Sendung zu erfolgen hat, der Sendegesellschaft gegenüber unverzüglich Einspruch, so hat die funkmäßige Wiedergabe des Werkes zu unterbleiben. Die Sendegesellschaft kann zur Entscheidung darüber, ob der Einspruch gerechtfertigt ist, ein Schiedsgericht anrufen, für welches die Vorschriften der §§ 1025ff. ZPO. gelten.

Abs. II. Ist ein im Deutschen Reich erschienenes Werk, das nach Maßgabe des § 1 dieses Gesetzes Urheberschutz genießt, von einer deutschen oder ausländischen Sendegesellschaft funkmäßig wiedergegeben worden, so kann jede deutsche

[22] Ein entsprechender Vorschlag wird im Sinne der Hoffmannschen Vorschläge sicher als Kompromiß aufgefaßt werden, was ich jedoch keineswegs als Manko betrachte, da in der Frage eines einigermaßen gerechten Ausgleiches zwischen zwei scharf gegenüberstehenden Interessenkomplexen stets nur ein Kompromiß als Lösung zu finden sein wird.

Sendegesellschaft verlangen, daß ihr vom Berechtigten gegen eine angemessene Vergütung gleichfalls eine solche Erlaubnis erteilt werde. Mindestens zwei Wochen vor der beabsichtigten funkmäßigen Wiedergabe hat die Sendegesellschaft dem Inhaber des Urheberrechts Mitteilung zu machen. Dieser kann der beabsichtigten Sendung nicht widersprechen.

Abs. III. Durch die funkmäßige Wiedergabe darf das Werk nicht entstellt werden.

Abs. IV. Gehört als Text zu dem Werke der Tonkunst, dessen funkmäßige Wiedergabe begehrt wird, ein geschütztes Schriftwerk, so ist dem Urheber des Werkes der Tonkunst an Stelle des Urhebers des Textes die Mitteilung von der beabsichtigten Sendung gemäß Abs. I und Abs. II zu machen. Der Urheber des Werkes der Tonkunst ist allein zum Einspruch gemäß Abs. I berechtigt. Er ist jedoch verpflichtet, dem Urheber des Textes einen angemessenen Teil der Vergütung auszuzahlen.

Abs. V. Streitigkeiten über die Höhe der Vergütung regelt ebenso wie Streitigkeiten aus dem Abs. III das in Abs. I genannte Schiedsgericht.

Diese Fassung erhebt keinen Anspruch darauf, gesetzestechnisch einwandfrei zu sein. Sie versucht lediglich eine Formulierung der gekennzeichneten Erwägungen und wird von erfahrenen Gesetzestechnikern sicher auf eine kürzere Formel zu bringen sein. Den Vorzug der Kürze wie etwa die Hoffmannsche Fassung besitzt sie nicht. Die Situation war allerdings hier insofern schwieriger, als es angebracht schien, eine Zweiteilung vorzunehmen zwischen solchen Werken, die rundfunkmäßig noch nicht wiedergegeben worden sind und solchen, die funkmäßig bereits durch eine Sendegesellschaft der Allgemeinheit mitgeteilt waren. Denn es scheint im Interesse des Rechts der Allgemeinheit geboten, dem Urheber solche Einwendungen abzuschneiden, die bereits einmal erhoben und von der Schiedsinstanz zurückgewiesen worden sind, da dadurch lediglich eine weitgehende Verzögerung und eine Erschwerung der verwaltungstechnischen Arbeiten des Rundfunks herbeigeführt und Gelegenheit zu einer weitgehenden Schikane von Autorenseite aus gegeben werden würde.

Zu der vorgeschlagenen Fassung sei im einzelnen folgendes bemerkt:

1. Hinsichtlich des Ausmaßes (vgl. dazu Hoffmann, a. a. O., S. 259f.) muß die Lizenz alle urheberrechtlich geschützten Werke umfassen. Dem Arbeitsbereich der Sendegesellschaften darf keine rechtliche Schranke gesetzt sein. Im einzelnen kann hierzu auf die völlig zutreffenden Ausführungen Hoffmanns, a. a. O., verwiesen werden, die im Rahmen dieser Arbeit lediglich wiederholt werden könnten.

Besonders sei an dieser Stelle nochmals darauf hingewiesen, daß sich die gesetzliche Lizenz nicht auf die bühnenmäßige Aufführung eines Werkes beziehen soll, wie es zum Beispiel in dem schon zitierten italienischen Gesetz vom 14. Juni 1928 mit geringen Einschränkungen der Fall ist, d. h. also, daß die Sendegesellschaften das Werk unter den Voraussetzungen des Abs. I und II der vorgeschlagenen Fassung zwar selbst senden dürfen, daß ihnen aber nicht das Recht zusteht, von jedem beliebigen Bühnenleiter die Verfunkung seiner Aufführungen auf Grund der gesetzlichen Lizenz zu verlangen.

Das bedarf einer ausführlichen Begründung: im italienischen Gesetz sind die Sendegesellschaften durch die gesetzliche Lizenz in die Lage versetzt, von allen „luoghi pubblici" aus deren Darbietungen funkmäßig zu übertragen (wobei nur Erstaufführungen im Theater und neue, d. h. nicht mehr als dreimal gegebene Bühnenwerke ausgenommen sind). Eine solche Regelung muß aber die Wirkung haben, alle in Frage kommenden Unternehmen auf das schwerste finanziell zu schädigen. Die Sendegesellschaften können dann jede beliebige öffentliche Aufführung ohne nennenswerte Schwierigkeit übertragen. Damit wäre die Gefahr geradezu heraufbeschworen, daß eine übermäßig große Zahl derartiger Übertragungen stattfinden würde. Der Rundfunk müßte aber dann für alle Institute, aus denen solche Übertragungen stattfänden, eine untragbare Konkurrenz bedeuten. Solange Übertragungen aus Theatern, aus Konzertsälen, von Sportveranstaltungen her usw. nur nach besonderer Übereinkunft von Fall zu Fall zwischen Gesellschaft und Veranstalter stattfinden (solange auch nur wirkliche Spitzenleistungen übertragen werden, die der Öffentlichkeit im weiten Umfang nicht entgehen sollen), besteht eine solche Gefahr zumindesten nicht im gleichen Maße. Es bleibt dem Veranstalter stets die Möglichkeit, bei zu befürchtender allzu großer Konkurrenz die Übertragung abzulehnen. Die Allgemeinheit hat davon keinen Schaden, da ja kraft der gesetzlichen Lizenz — zumindesten für Werke der Literatur und der Tonkunst — die Sendegesellschaft in der Lage ist, das Werk selbständig mit eigenen Kräften vor dem eigenen Studio funkmäßig zur Darbietung zu bringen. Hier liegen ja die Dinge ganz anders als bei den Fragen: Gegensatz des Autorrechts — Recht der Allgemeinheit. Der Autor erleidet durch die funkmäßige Wiedergabe seines Werkes keinen unmittelbaren Schaden (im Gegenteil in vielen Fällen sogar einen finanziellen Vorteil, da die rundfunkmäßige Wiedergabe eines Werkes erfahrungsgemäß eine verstärkte Nachfrage nach diesem Werk bewirkt). Anders bei Übertragungen aus Theatern, Konzertsälen usw.! Hier hält die funkmäßige Übertragung in vielen Fällen vom Besuch der Aufführung ab. Daher muß es dem Unternehmer gewahrt bleiben, das Für und Wider der rundfunkmäßigen Wiedergabe seiner Veranstaltung frei abzuschätzen, ohne daß er durch gesetzliche Lizenzen gebunden ist, will man nicht sein Recht in untragbarer Weise beschneiden, — ohne daß das Interesse der Allgemeinheit dies erfordert.

Die Sendegesellschaften — Wien bietet ein lobenswertes Beispiel — sollten gerade bemüht sein, die von ihnen veranstalteten Sendungen von dramatischen Werken mit solchen Kräften zu besetzen, die infolge der ungünstigen Verhältnisse am Theatermarkt aus irgendwelchen Umständen dort kein Unterkommen finden können. Talentierte Kräfte sind gerade in Deutschland in solcher Zahl vorhanden, daß der Rundfunk in dieser Beziehung ohne nennenswerte Einbuße der künstlerischen Höhe durchaus segensreich wirken kann. Der Rundfunk ist der Allgemeinheit keine Starbesetzung schuldig. Seine Verpflichtung beschränkt sich auf eine würdige Wiedergabe der gebotenen Werke.

Die hier vorgeschlagene Fassung würde somit das Recht der Allgemeinheit wahren, das der Unternehmer nicht zurücksetzen und sozial zugleich segensreich wirken können, indem überschüssige Kräfte in die rechte Bahn gelenkt würden.

Weiterhin muß auch die immer weiter entwickelte Technik der sog. Hörspiele, die speziell für den Rundfunk geschaffen werden, dahin führen, den Rundfunk mehr und mehr von Übertragungen aus Theatern usw. unabhängig zu machen, da derartige Übertragungen erfahrungsgemäß nur selten die gleiche Höhe der technischen Wiedergabe erreichen wie Darbietungen vor dem Studio den Sendegesellschaften.

Anders würde sich allerdings die Lage gestalten, wenn es sich darum handelt, irgendwelche Sportveranstaltungen funkmäßig zu übertragen. Denn hier könnte durch die Sendegesellschaft ein Ersatz nicht geschaffen werden, sofern der Veranstalter die Genehmigung zur Übertragung nicht gestatten sollte. Aber einmal ist bisher fast durchweg ohne Schwierigkeiten die Genehmigung zur funkmäßigen Übertragung solcher Veranstaltungen zu erlangen gewesen, zum anderen würde es eine Überspannung des Begriffes „Recht der Allgemeinheit" bedeuten, wollte man ein solches Recht auch für die Wiedergabe sportlicher Ereignisse gesetzlich festlegen. Gewiß mag die Übertragung wichtiger sportlicher Ereignisse das Programm des Rundfunks nicht unwesentlich bereichern. Ein Recht der Allgemeinheit kann aber nur auf der Grundlage geistiger Interessen der Allgemeinheit fundiert werden. Hier geht es um den Kulturfaktor Rundfunk, nicht um das, was dieser Kulturfaktor als Anhängsel noch mit sich führt.

2. Voraussetzungen für die gesetzliche Lizenz sind in der Fassung des hier vorgeschlagenen Entwurfs die folgenden:

a) das Erschienensein des Werkes;

b) die Zahlung einer angemessenen Vergütung;

c) vorhergehende schriftliche Mitteilung an den Inhaber des Urheberrechts zu mindesten zwei Wochen vor der beabsichtigten Sendung;

d) Unterbleiben eines Einspruchs seitens des Inhabers des Urheberrechts bzw. Entscheidung des Schiedsgerichts zugunsten der Sendegesellschaft nach erfolgtem Einspruch;

e) Wahrung des Urheberpersönlichkeitsrechts.

Dazu sei im einzelnen folgendes bemerkt:

Zu a) Es ist, im Gegensatz zu Reininger (wie oben schon ausgeführt) nicht auf die einmalige Erlaubnis des Urhebers, sondern auf das Erschienensein des Werkes abgestellt (ebenso Hoffmann, a.a.O., S. 259).

Zu b) Auch durch Einführung der gesetzlichen Lizenz soll die finanzielle Lage der Urheber nicht verschlechtert werden. Es besteht kein Zweifel, daß das Recht der Allgemeinheit, ein erschienenes Werk ihrer Zeitgenossen kennenzulernen, auch die Verpflichtung begründet, den Urheber dieses Werkes dafür, daß sein Werk der Allgemeinheit durch die rundfunkmäßige Wiedergabe zugänglich gemacht wird, angemessen zu entschädigen. Dieser Anspruch auf eine angemessene Entschädigung entspricht den in Art. 11bis RBUe geforderten Mindestbedingungen zur Sicherung der Autoren.

Schon bei den Verhandlungen der Romkonferenz hat man nicht einen festen Begriff für die Entschädigung, sondern eben diesen dehnbaren Begriff „angemessen" (droit que appartient à l'auteur d'obtenir une rémunération équitable fixée, à défaut d'accord amiable, par l'autorité compétente) in den Text des Art. 11bis aufgenommen. Goldbaum (Berner Übereinkunft, S. 69) glaubt darin eine schwere Gefahr erblicken zu müssen. Daß diese genannte Bestimmung als Schutzminimum aufzufassen ist, wird nicht bestritten. Immerhin sollte bei einer einigermaßen vernünftigen Ausgestaltung dieser Bestimmung in den einzelnen Landesrechten für die Urheber keinerlei Nachteil finanzieller Art zu befürchten sein. In erster Linie wird, was im Art. 11bis ausdrücklich gesagt ist, mit einer Verständigung zwischen den Autoren resp. deren Organisationen und den Sendegesellschaften zu rechnen sein. Das ergibt sich in der oben als Entwurf gegebenen Fassung aus dem Abs. V des § 11a. Verhandlungen der Vertragsparteien sollten hier zu einem beiderseits erträglichen Resultat führen, das sich letzten Endes nach der klar zu übersehenden Leistungsfähigkeit der einzelnen Sendegesellschaften zu richten haben würde. Die gesetzliche Lizenz soll keineswegs dazu dienen, den Rundfunkgesellschaften billiges Material an die Hand zu geben. Was den Gesellschaften aus den Erträgnissen für die Bestreitung der Urhebertantiemen zur Verfügung bleibt, sollte tatsächlich auch nur für diesen Zweck verausgabt werden.

Da es nicht wahrscheinlich ist, daß Verhandlungen zwischen Sendegesellschaften und Autorenorganisationen nach Einführung der gesetzlichen Lizenz für eine Seite wesentlich schwieriger zu führen sein würden als dies bisher der Fall ist (wo reibungslos Verträge über die Höhe der Vergütung geschlossen sind und laufen), dürfte das Hauptargument Goldbaums entkräftet sein: denn eben nur dann, wenn Einigkeit zwischen den Vertragsparteien nicht zu erzielen wäre, würde über die angemessene Entschädigung „l'autorité compérente" entscheiden. Gewiß ist dieser Begriff des Art. 11bis wiederum reichlich weit gefaßt; Goldbaum zieht daraus auch die schlimmsten Konsequenzen, nämlich die, daß nicht unter allen Umständen der unabhängige Richter, sondern eine Behörde des Staates (der gleichzeitig Radiounternehmer ist), also der Gegenkontrahent diese Streitigkeit allein und einseitig entscheiden könnte. Diese Befürchtung scheidet nach der oben im Entwurf als Abs. V des § 11a gegebenen Formulierung völlig aus. Denn als maßgebende Instanz ist dort, sofern eine Einigung nicht erzielt werden konnte, ein Schiedsgericht genannt, für das die Vorschriften des § 1025ff. ZPO. gelten sollen.

Hier wäre es möglich gewesen, die ordentlichen Gerichte heranzuziehen. Aber einmal hat das Schiedsgerichtsverfahren den Vorteil größerer Schnelligkeit, ohne an die weitgehenden formellen Vorschriften der Zivilprozeßordnung gebunden zu sein, zum anderen besteht für die Parteien die Möglichkeit, bei der Besetzung des Schiedsgerichts einen Interessenvertreter zu berücksichtigen, so daß gegebenenfalls das Vertrauen, das dem Schiedsgericht von der einen oder anderen Seite entgegengebracht würde, stärker sein könnte als dies bei dem ordentlichen Gericht der Fall sein würde. Im Hinblick auf die für die Beteiligten recht bedeutungsvollen Entscheidungen muß aber dieser Vertrauensfrage große Bedeutung beigemessen werden.

Im übrigen ist es nicht nötig, Einzelheiten wegen eines solchen Schiedsgerichts im Gesetz festzulegen. Es genügt der Hinweis auf die §§ 1025ff. ZPO., die den Parteien ja alle Einzelheiten überlassen würden.

Es dürfte sich empfehlen, an dieser Stelle die entsprechende Regelung des mehrfach erwähnten italienischen Gesetzes vom 14. Juni 1928 vergleichsweise heranzuziehen.

Auch dort sind die Streitigkeiten der ordentlichen Gerichtsbarkeit entzogen und Schiedsgerichten überwiesen, die ad hoc zu bilden sind. Allerdings ist die Tätigkeit dieser Schiedsgerichte enger als sie sich für die hier vorgeschlagenen Schiedsgerichte gestalten würde. Aus der Fassung des italienischen Gesetzes ergibt es sich, daß bei der gesetzlichen Lizenz als einzige Streitigkeit die Höhe der Vergütung in Frage kommen könnte. — Der entsprechende Art. 5 des italienischen Gesetzes hat im einzelnen folgenden Wortlaut:

Streitigkeiten über diese Entschädigung werden von einem Schiedsgericht entschieden, das unter dem Vorsitz eines auf Jahresfrist ernannten Vertreters des Verkehrsministers aus je einem Vertreter des künstlerischen Unternehmers und des Rundfunkunternehmers besteht. Falls eine der Parteien nicht binnen acht Tagen seit der Einreichung des Rekurses bzw. seit der Zustellung an den Gegner ihren Schiedsrichter ernennt, so erfolgt die Ernennung durch den (Verkehrs)-Minister aus dem Kreise der zuständigen Organisation. Das Schiedsgericht hat die Parteien anzuhören und einen Sühneversuch zu unternehmen. Gelingt dieser, so wird hierüber ein von den Parteien zu unterzeichnendes Protokoll aufgenommen. Anderenfalls hat das Schiedsgericht binnen 30 Tagen in den Formen des Gesetzes und als freundschaftlicher Vermittler den Streit durch unanfechtbaren Spruch zu entscheiden. Diese Entscheidung hat jedoch nur Rechtskraft für die Theaterspielzeit oder die Serie von Konzerten oder Vorstellungen, die zu dem Streit Anlaß gegeben haben.

Es genügt auf diese Bestimmungen hingewiesen zu haben. Sich mit ihnen auseinanderzusetzen, würde im Rahmen dieser Arbeit zu weit gehen. Es reicht aus, in der Fassung des Entwurfs, auf das Schiedsgericht als solches hinzuweisen. Alle Einzelheiten müßten dem Gesetzgeber vorbehalten werden. Empfehlen würde es sich, dem italienischen Beispiel folgend ausdrücklich einen unparteiischen Vorsitzenden für alle Fälle zu bestimmen. Ob es angebracht scheint, dem Spruch des Schiedsgerichts unanfechtbare Wirkung zuzusprechen, dürfte zumindesten fraglich sein. Man sollte hier ohne Bedenken den Vorschriften des zehnten Buches der Zivilprozeßordnung folgen.

In der Literatur ist zu dieser Frage einmal (vgl. Smoschewer, Bl. f. Funkr. **1927**, 136ff., bes. 138 a. E., 139) der Vorschlag gemacht worden, für die Einigung über die Lizenzsätze die Verordnung über das Schlichtungswesen vom 30. Oktober 1923 (RGBl. 1923 I, S. 1043) als Vorbild heranzuziehen. Ich halte diesen Weg nicht für gangbar. Es handelt sich doch hier nicht wie im Arbeitsrecht um rein wirtschaftliche Fragen, die Gesamtvereinbarungen für eine unbeschränkte Zahl von Personen gestatten. Selbst wenn man ganz davon absieht, daß in der in dieser Arbeit vorgeschlagenen Fassung den Schiedsgerichten noch andere Aufgaben als die Festlegung der Höhe der Vergütung zur Behandlung vorliegen würden, muß dem ad hoc zu schaffenden Schiedsgericht in diesen Fragen der Vorzug gegeben werden. Es geht meines Erachtens nicht an, die rein künstlerisch zu wertenden urheberrechtlichen Fragen im Wege einer Gesamtvereinbarung (eines Schiedsspruches) und einer Verbindlichkeitserklärung für eine Vielheit von Fällen gemeinsam lösen zu wollen.

Zu c—e. Oben waren bereits die Bedenken gegen die Formulierung der gesetzlichen Lizenz im Sinne Hoffmanns dargelegt und ausführlich die Gründe besprochen, derentwegen dem Urheber ein weitgehender Einfluß über die funkmäßige Verwertung seines Werkes eingeräumt werden soll. Durch die hier vorgeschlagene Fassung wäre weiterhin im Rahmen des Art. 11bis Abs. II RBUe das moralische Recht des Urhebers weitgehend geschützt (Elles, [d. h. les législations nationales] ne pourront en aucun cas porter atteinte ni au droit moral de l'auteur ni . . .), wäre es (wie oben schon ausgeführt) bei weitem mehr geschützt als dies in den Vorschlägen Hoffmanns der Fall sein würde.

Hoffmann (a. a. O., S. 262f.) hält es nicht für nötig, dieses Urheberpersönlichkeitsrecht in den deutschen Urheberrechtsgesetzen ausdrücklich zu normieren (da die im Art. 6bis RBUe enthaltenen Rechtsgedanken durch die deutsche Rechtsprechung bereits anerkannt seien). An dieser Anerkennung besteht kein Zweifel (vgl. Goldbaum, Berner Übereinkunft, S. 47). Aber die anerkannten Rechtsgedanken des Art. 6bis RBUe gewähren dem Urheber (vgl. Goldbaum, S. 51) nicht den weitreichenden Schutz, der einen gerechten Interessenausgleich zwischen Urhebern und Rundfunk in Sachen der hier bisher vertretenen Ausführungen bedeuten würde. Sie würden lediglich den von Hoffmann genannten und von ihm für ausreichend erachteten Schutz bei der Verfunkung des Werkes gewähren. Deshalb ist im oben gegebenen Entwurf im Abs. I des § 11a ein klares Urheberpersönlichkeitsrecht statuiert.

Dem Hoffmannschen Standpunkt[23] wird die hier vorgeschlagene Fassung des Abs. I eines § 11a nicht weitreichend genug erscheinen. Vielmehr wird sie vermutlich als eine Mehrbelastung der Sendegesellschaften bezeichnet werden, da für jedes Werk an den Urheber bzw. an den derzeitigen Träger des Urheberrechts Mitteilung von der beabsichtigten Sendung gemacht werden soll. Sicherlich werden mir die derzeit bestehenden Pauschalverträge zwischen den Sendegesellschaften und der Gema, der GDT. und der Gesellschaft für Senderechte entgegengehalten werden, da diese Autorenorganisationen ja bekanntlich den in ihnen vereinigten Werkbestand den Sendegesellschaften ohne vorherige Genehmigung zur funkmäßigen Wiedergabe, ja teilweise sogar zu einer Bearbeitung zum Zwecke dieser Wiedergabe zur freien Verfügung gestellt haben. Demgemäß würde auf den ersten Blick die vorgeschlagene gesetzliche Regelung einen gewissen Rückschritt gegenüber dem jetzigen vertragsmäßigen Zustand bedeuten. Dabei darf aber nicht übersehen werden, daß der bisherige Zustand eben lediglich ein vertragsmäßiger ist, daß aber die vorgeschlagene Fassung die Sendegesellschaften weit günstiger stellen würde als dies bei dem heutigen gesetzlichen Zustand der Fall ist.

Eine gesetzliche Regelung in der vorgeschlagenen Fassung würde, wie oben schon dargetan, den meines Erachtens besten Ausgleich

---

[23] Ebenso auch Magnus, Bl. f. Funkr. **1927**, 104: „Der deutsche Rundfunk will dem Autor geben, was ihm gebührt. Im Interesse der Allgemeinheit hält er sich aber für verpflichtet, einen gesetzlichen Zustand anzustreben, der ihm die Verfügung über sämtliche Autorenwerke gegen Zahlung einer angemessenen Lizenz sichert."

zwischen dem Recht der Autoren und dem durch die Sendegesellschaften wahrzunehmenden Recht der Allgemeinheit darstellen. Gewissermaßen wäre in dieser Fassung des § 11a Abs. I das Maximum des Schutzes garantiert, den die Autoren durch den Gesetzgeber zu erwarten haben. Und zweifellos wäre ihr Interesse durch dieses Maximum derart gewahrt, daß von Autorenseite einer solchen Regelung weit weniger Widerstand entgegengebracht werden dürfte als etwa der Hoffmannschen Fassung. Den Rundfunkgesellschaften würde es durch diese vorgeschlagene Regelung aber nicht verwehrt, mit den einzelnen Autorenorganisationen eine anderweitige vertragliche Bindung einzugehen, die den heutigen Verträgen entsprechen würde. Dann würde der heutige vertragsmäßige Zustand weiterbestehen und auch vertragsmäßig weiterbestehen. Auf gesetzlicher Grundlage aber würde für die Sendegesellschaften eine recht wesentliche Besserung der bisherigen Lage eintreten. Denn auch in der oben gegebenen Formulierung ist die gesetzliche Lizenz zugunsten des Rundfunks geschaffen, allerdings an gewisse formelle Bedingungen geknüpft.

Weiterhin gilt es zu bedenken, daß in den obengenannten Autorenorganisationen nicht alle in Frage kommenden Werke zu finden sind. Gerade diese anderen Werke aber, die bisher aus irgendwelchen Gründen dem Rundfunk verschlossen waren, würden nunmehr durch die gesetzliche Lizenz dem Rundfunk und damit der Allgemeinheit zur Verfügung gestellt.

Auch durch die gesetzliche Lizenz in dieser Form würde der Rundfunk durchaus unabhängig vom guten oder bösen Willen der Autorenorganisationen. Und das ist doch in erster Linie das Ziel der Einführung der gesetzlichen Lizenz. Auch dann wäre für die kulturellen Verpflichtungen des Rundfunks im erforderlichen Maße gesorgt; die zu fordernde freie Verfügung über den gesamten in Frage kommenden Werkbestand wäre garantiert, garantiert unter Kautelen für die Autoren, die diesen alle erforderlichen Sicherheiten geben würden.

Die zukünftige Rechtslage würde daher, wenn man dem soeben skizzierten Weg folgt, eine Belastung der Sendegesellschaften nur für die Werke bringen, die dem Rundfunk bisher überhaupt verschlossen waren; nur für diese würde die im Abs. I der hier gegebenen Fassung geforderte schriftliche Ankündigung praktisch werden; und bei diesen würde es sich ja bestimmt nur um einen Bruchteil aller in Frage kommenden Werke handeln. Für die in den bisherigen Autorenorganisationen vereinigten Werke aber würde die tatsächliche Rechtslage auch nach der Einführung der gesetzlichen Lizenz in nichts geändert werden, da eben tatsächlich alle heute laufenden Verträge weiterlaufen würden.

Aus diesen Gründen glaube ich die vorgeschlagene Fassung ernsthaft vertreten zu können, trotz der im Vergleich zur Hoffmannschen

Formulierung theoretisch komplizierteren Handhabung für die Sendegesellschaften.

Im einzelnen soll nun die Sendegesellschaft dem Urheber (bzw. demjenigen, an den das Urheberrecht übertragen ist) die beabsichtigte Übertragung des Werkes durch den Rundfunk schriftlich mitteilen; und zwar mitteilen zumindesten zwei Wochen vor der beabsichtigten Sendung. Dadurch würde die Programmgestaltung der Sendegesellschaften keineswegs über Gebühr belastet, da die Einzelheiten des Programms reichlich zwei Wochen vorher fertiggestellt sein könnten. Die Schwierigkeiten, den Träger des Urheberrechts für ein bestimmtes Werk zu ermitteln, wären nicht übermäßig groß. Denn einmal werden die schon heute bestehenden Autorenorganisationen weiterhin bestehen bleiben, in denen ja ein überwiegender Teil der Werke organisatorisch gesammelt ist. Schwieriger wäre diese Ermittlung nur für solche Werke, die funkmäßig noch nicht übertragen worden sind. Für alle anderen wäre ja jede Einzelheit von derjenigen Sendegesellschaft zu erfahren, die das Werk bereits übertragen hat; für die Sendegesellschaften würde es unschwer sein, die von ihnen übertragenen Werke in genauer Liste samt allen Einzelheiten den anderen Gesellschaften zur Verfügung zu stellen. Die Reichs-Rundfunk-Gesellschaft als Spitzenorgan könnte hier am besten die nötigen Informationen erteilen, sofern nicht überhaupt von einzelnen Autoren bzw. von deren Organisationen auf die vorherige Mitteilung vertraglich verzichtet würde.

Der Inhaber des Urheberrechts müßte auf Grund dieser Mitteilung unverzüglich Einspruch erheben, anderenfalls ihm die Einspruchsmöglichkeit verloren gehen würde. Wird der Einspruch der Sendegesellschaft gegenüber nicht eingelegt, dann ist die Gesellschaft zur funkmäßigen Übertragung des Werkes befugt und hat die angemessene Vergütung zu zahlen. Glaubt der Urheber nachträglich, daß sein Werk durch die funkmäßige Wiedergabe entstellt ist, so könnte er nachträglich noch durch das Schiedsgericht einen Eingriff in sein Urheberpersönlichkeitsrecht feststellen lassen (im Sinne der Hoffmannschen Ausführungen).

Anders die (praktisch sicher seltenen) Fälle, in denen der Inhaber des Urheberrechts unverzüglich auf die Mitteilung der Sendegesellschaft hin dieser gegenüber Einspruch erhebt. Durch diesen Einspruch würde die funkmäßige Wiedergabe des Werkes vorläufig, d. h. bis zur Entscheidung des Schiedsgerichts, unzulässig. Das Schiedsgericht würde unter Abwägung der beiderseitigen Interessen zu entscheiden haben, in diesem oder jenem Sinne.

Der Urheber bzw. sein Rechtsnachfolger könnte aber auch die funkmäßige Wiedergabe nur unter gewissen Bedingungen gestatten. Dies würde einem Einspruch gleichkommen. Nimmt die Sendegesellschaft diese Bedingungen an, kann sie ohne weiteres aufführen. Anderenfalls müßte auf Anruf der Sendegesellschaft das Schiedsgericht entscheiden.

Hierbei könnten sich Schwierigkeiten lediglich bei der Auslegung des Wortes „unverzüglich" ergeben. Dabei hätten jedoch die allgemeinen Auslegungsmethoden Platz zu greifen (vgl. etwa die Kommentare zum § 121 BGB.). Im ungünstigsten Falle müßte also der Einspruch etwa eine Woche vor der geplanten funkmäßigen Wiedergabe in der Hand der Sendegesellschaft sein.

Weit einfacher wäre die Lage für alle die im Deutschen Reich erschienenen und daselbst Urheberschutz genießenden Werke, die bereits von einer deutschen oder ausländischen Gesellschaft gesendet worden sind (Abs. II). Hier hat der Urheber sein Werk dem Rundfunk bereits zur Verfügung gestellt, oder aber seine Gründe sind vom Schiedsgericht nicht anerkannt worden. Jetzt soll er nicht erneut seine ablehnende Haltung dartun können und erneut ein Schiedsgericht anrufen. Ebensowenig soll ihm jetzt die Möglichkeit gegeben sein, sein Werk der zweiten Gesellschaft nicht zur Verfügung zu stellen, vielleicht weil diese weniger zahlt als die erste. Dem Urheber auch dann noch solche Möglichkeiten zu geben, hieße sein Recht dem Recht der Allgemeinheit vorziehen. — Dieser Fall ähnelt dem § 22 LUG.: das Werk ist dem Rundfunk einmal zur Verfügung gestellt worden; nun soll es allen Gesellschaften zur Verfügung stehen. Ein Einspruch ist jetzt also wirkungslos. Alle Einwendungen müßten vor der ersten Wiedergabe im Rundfunk erhoben werden. Neue Einwendungen nach erfolgter Wiedergabe müßten in jedem Falle ohne Einfluß bleiben.

Aus Gründen der Rechtssicherheit soll aber dem Urheber bzw. seinem Rechtsnachfolger auch jetzt noch Mitteilung von der beabsichtigten Sendung gemacht werden. Immerhin würde es sich dabei nur um eine Sollvorschrift handeln.

Es ist dabei nicht unterschieden worden, ob das Werk erstmalig von einer deutschen oder von einer ausländischen Gesellschaft funkmäßig übertragen worden ist, und zwar deshalb, weil es sich um Werke handelt, die im Deutschen Reich erschienen sind und im Deutschen Reich Urheberschutz genießen. Es wäre unbillig, wollte man diese Werke deshalb günstiger stellen, weil sie bisher noch nicht von einer deutschen, sondern lediglich von einer ausländischen Gesellschaft funkmäßig wiedergegeben worden sind, um so mehr, als ja auch die Übertragungen der ausländischen Gesellschaft im Deutschen Reich empfangen werden konnten, das Werk also auch der deutschen Allgemeinheit bereits funkmäßig bekannt war.

Zum Abs. III der oben gegebenen Fassung, der dem zweiten Satz des Abs. II der Hoffmannschen Fassung entspricht, wäre hinzuzufügen (vgl. Hoffmann, a. a. O., S. 263), daß das Recht des Urhebers, sich gegen eine entstellende Wiedergabe durch den Rundfunk zu wehren (§ 9 LUG.) nicht so weit reicht, daß der Urheber jede Änderung untersagen könnte. Gerade für die funkmäßige Wiedergabe sind bisweilen erhebliche Änderungen durch die ganz anders liegenden akustischen Verhältnisse bedingt; gerade für den Rundfunk würde also der § 9 Abs. II LUG. eine besondere Bedeutung haben (vgl. die von Hoffmann zitierten Allfeld, Kommentar, S. 130; Marwitz-Möhring, S. 92).

Baum (Bl. f. Funkr., **1927**, 101 unter b), der das Recht der Bearbeitung für den Rundfunk gesetzlich festgelegt wissen will (und der dazu eine Erweiterung der §§ 22 und 24 LUG. in Vorschlag bringt, vgl. im einzelnen a. a. O.), hält eine besondere gesetzliche Regelung für erforderlich, inwieweit die Sendegesellschaften an dem zu sendenden Werk Kürzungen vornehmen dürfen. Diese Kürzungen fallen aber meines Erachtens unter die Änderungen und damit unter den eben genannten Abs. II des § 9 LUG.

Goldbaum (Kommentar zu § 9 LUG., S. 121f.) führt an, daß sich ein allgemeiner Grundsatz darüber nicht aufstellen läßt, wann Treu und Glauben Änderungen bedingen, da die Verhältnisse beim Buch, Theater, Tonwerk, Film und Rundfunk ganz verschieden liegen. Obwohl nun nach Goldbaum dieser Abs. II als Ausnahmebestimmung nicht ausdehnend ausgelegt werden darf und obwohl nur unwesentliche Änderungen in Frage kommen können, sollte die genannte Bestimmung genügen, um dem Rundfunk auch das Recht zu geben, Werke zum Zwecke der rundfunkmäßigen Wiedergabe zu kürzen. Das Werk soll ja durch die Kürzung keine Veränderung seines Gesamtcharakters erleiden; es soll nur den besonderen Verhältnissen des Rundfunks angepaßt werden. Ist also das Recht der Allgemeinheit mit der gesetzlichen Lizenz für den Rundfunk gesetzlich festgelegt, dann kann es auch Treu und Glauben nicht zuwiderlaufen, wenn die Sendegesellschaften dieses Recht des Abs. II für sich in Anspruch nehmen: die Allgemeinheit hat nicht nur das Recht, das Werk funkmäßig kennenzulernen; sie hat vielmehr auch das Recht, das Werk in der funkmäßig vorteilhaftesten Weise kennenzulernen. Andererseits ist ja auch gerade das Autorrecht durch Freigabe jeglicher Art der Bearbeitung am besten gewahrt, da die technischen Erfahrungen der Sendegesellschaften eine Sicherheit dafür sind, daß das Werk in seiner reinen Wirkung funkmäßig zur Wiedergabe kommt. Schon heute hat ein Teil der deutschen Autoren sich diesen Gedanken nicht verschlossen (wie wir schon oben gesehen hatten).

Eine Kollision dieser Bestimmungen der Bearbeitungsfreiheit und der im Abs. I des obigen Entwurfs gegebenen Einspruchsmöglichkeit in bezug auf Änderungen des Werkes (vgl. die Darlegungen auf S. 47 unten) ist nur in Ausnahmefällen zu befürchten. Dann aber würde es Sache des Schiedsgerichts sein, den richtigen Weg zu weisen.

Der Abs. IV entspricht dem Abs. III der Hoffmannschen Fassung und lehnt sich ebenso wie dieser an den § 22 Abs. II LUG. an (vgl. Hoffmann, a. a. O., S. 263).

Es empfiehlt sich, an dieser Stelle auf das Verhältnis dieses Abs. IV zu den Bestimmungen des § 28 LUG. näher einzugehen, d. h. die Anwendbarkeit der de lege ferenda vorgeschlagenen Bestimmung zu den Werken der Tonkunst mit Text zu prüfen. Hier könnten sich leicht Streitfragen herausbilden.

In der Literatur sind hinsichtlich des § 28 Abs. II LUG. für das geltende Recht die beiden möglichen Ansichten vertreten worden: Hoffmann (Bl. f. Funkr. **1927**, 163ff., bes. 166 unter II, 2) wendet den § 28 auch für die Wiedergabe eines entsprechenden Werkes durch den Rundfunk an und betrachtet daher auch für die rundfunkmäßige Wiedergabe die Zustimmung des Komponisten für ausreichend. Dieser Standpunkt entspricht der Vortragstheorie, nach der eine Aufführung als identisch mit der Sendung der Aufführung betrachtet worden ist (so Hoffmann wiederholt, beispielsweise GRUR. 1925, S. 70ff.). Nachdem die Vortragstheorie vom Reichsgericht abgelehnt worden ist, erscheint es nicht leicht, den Standpunkt der Sendegesellschaften rechtlich zu vertreten: denn die Sendegesellschaften honorieren bei der funkmäßigen Wiedergabe von Opern oder sonstigen Werken der Tonkunst, zu denen ein Text gehört (§ 28 Abs. II) lediglich nach den Bestimmungen des mit der Gesellschaft für musikalische Aufführungsrechte abgeschlossenen Vertrages, während eine weitere Honorierung an die Gesellschaft für Senderechte nicht geleistet wird.

Der entgegengesetzte Standpunkt ist vertreten namentlich von Elster (Arch. f. Funkr. **1929**, 14ff., bes. 23). Elster sucht zu beweisen, daß der § 28 Abs. II de lege lata für die „Wiedergabe einer Aufführung durch Rundfunk nicht in Betracht kommen" kann. Nach Elster wäre damit hinsichtlich der Rundfunksendung für alle großen Tonwerke mit Musik bereits die Genehmigung des Textverfassers einzuholen.

Es würde zu weit gehen, hier eine Auseinandersetzung mit Elster führen zu wollen. Denn im Rahmen dieser Arbeit muß jetzt auf den bisherigen Ergebnissen weitergebaut werden: Wir hatten gesehen, daß durch die hier vorgeschlagene Neufassung des Abs. I des § 11 LUG. die funkmäßige Wiedergabe als selbständige urheberrechtliche Befugnis statuiert war. Deshalb können uns die Darlegungen Elsters und Hoffmanns nicht unmittelbar interessieren. Keinem Zweifel würde es unter liegen, daß nach der genannten Neufassung des § 11 Abs. I LUG. der § 28 LUG. nicht mehr anzuwenden wäre. Die funkmäßige Wiedergabe ist eben jetzt keine öffentliche Aufführung mehr. Wollte man also lediglich den § 28 im Auge behalten, dann wäre im Hinblick auf den neuen § 11 die Rechtslage die von Elster geschilderte. Es fragt sich aber, ob nicht aus der hier in Vorschlag gebrachten Fassung des Abs. IV des § 11a bereits eine Wendung zum Hoffmannschen Standpunkt abzuleiten wäre, ohne daß an eine Erweiterung des § 28 gedacht werden müßte.

Im Abs. IV ist von Werken der Tonkunst mit Text die Rede. Es handelt sich also um das gleiche Objekt wie im § 28 Abs. II. Das zeigt der Text dieser Bestimmung: „bei einer Oper oder einem sonstigen Werke der Tonkunst . . .“ Es würde daher keinem Zweifel unterliegen können, daß der Abs. IV der in Vorschlag gebrachten Fassung eines § 11a auch Opern umfassen würde. Dieser Abs. IV bringt aber die gleichen Gedankengänge wie § 28 Abs. II zum Ausdruck: der Urheber des Werkes der Tonkunst ist dem Urheber des Schriftwerkes gegenüber bevorzugt (es handelt sich auch hier um eine gesetzliche Vertretung, also um die gleiche Ausnahme von der Regel des § 5 LUG. wie beim § 28 Abs. II!). Im einzelnen sind hier die Rechte beider Urheber auf den Träger des Urheberrechts des Werkes der Tonkunst übergegangen; diesem ist Mitteilung zu machen; dieser ist allein zum Einspruch berechtigt. Der Urheber des Textes hat lediglich einen Anspruch gegen den Urheber des Werkes der Tonkunst auf Zahlung eines angemessenen Teils der Vergütung. Daraus aber ergibt sich, daß für den Rundfunk an Stelle des Abs. II des § 28 eben dieser in Vorschlag gebrachte Abs. IV zu treten hätte. Und dieser Abs. IV würde eine wesentlich größere Bedeutung haben als der § 28 Abs. II. Goldbaum (a. a. O. zu § 28 unter Ziff. 2 (S. 200), ebenso auch zu § 5, S. 57 a. E., S. 58) betont, daß die Ausnahmebestimmung des § 28 Abs. II in der Praxis keine wesentliche Bedeutung habe, da beide Rechte sich regelmäßig bei dem Aufführungskommissionär vereinigen. Für den Rundfunk aber würde ein solcher Aufführungskommissionär vorerst keinen Einfluß haben (vgl. das schon erwähnte Reichsgerichturteil vom **16.** Februar **1929** im Arch. f. Funkr. **1929**, 384ff.). Von einer Entrechtung des Urhebers des Textes kann aber bei der in Vorschlag gebrachten Fassung keine Rede sein, da ja die beiden Urheber im Innenverhältnis zu einem angemessenen Ausgleich der erhaltenen Vergütung verpflichtet sind. Durch diese Regelung wäre also den Sendegesellschaften die Arbeit wesentlich erleichtert, andererseits aber das Interesse beider Autoren hinreichend gewahrt.

Da nun die vorliegende Bestimmung des Abs. IV in dem die gesetzliche Lizenz zugunsten der Sendegesellschaften begründenden Paragraphen steht, da damit unter Beachtung eines weitreichenden Schutzes der Urheber dem Rundfunk ein möglichst glattes und reibungsloses

Arbeiten gesichert werden soll, könnte man bei der Fassung dieses Abs. IV noch daran denken, einen Schritt weiterzugehen und alle nur möglichen Werke der Tonkunst zu erfassen suchen[24]. Es wäre daher ernstlich zu prüfen, ob man nicht dem Abs. IV eine Formulierung geben könnte, die statt von einem „Werk der Tonkunst mit Text" von einer „Verbindung eines musikalischen mit einem literarischen Werk" spräche. Dabei wäre allerdings die Gefahr begründet, daß beispielsweise bei einem Drama mit Begleitmusik die hier durchaus untergeordnete musikalische Seite in den Vordergrund gerückt würde.

Mit einer entsprechenden Auslegung des vorgeschlagenen Abs. IV sollte daher in der Praxis sowohl dem Interesse des Rundfunks als auch der Urheber gedient sein.

Eine besondere Bestimmung an Stelle des bei der hier vorgeschlagenen Fassung für den Rundfunk klar ausfallenden § 28 Abs. I zu schaffen, dürfte sich erübrigen. Im Abs. I des vorgeschlagenen § 11a ist vom Inhaber des Urheberrechts die Rede. Wenn also mehrere Berechtigte vorhanden sind, dann sind diese mehreren die Inhaber des Urheberrechts.

Damit würde also dem Interesse beider Teile entsprochen sein, ohne daß eine Neufassung des § 28 LUG. erforderlich schiene.

Marwitz (Bl. f. Funkr. **1927**, 30 a. E.), der sich gegen die Einführung der gesetzlichen Lizenz ausspricht, kommt zu dem Einwand, daß die Einführung der gesetzlichen Lizenz für den Rundfunk nicht für alle Verbandsländer der Berner Übereinkunft zu erwarten sei, da die individualistische und unsoziale Einstellung der romanischen Gedankenwelt sich stets gegen einen solchen Eingriff in das Urheberrecht aussprechen würde. Nach Einführung einer gesetzlichen Lizenz würde also nach Marwitz beispielsweise Deutschland ausländische Werke ohne Einwilligung des Urhebers in das Ursprungsland senden können (mit Rücksicht auf die tragenden Grundsätze der Berner Konvention), während die Aufführung im Ursprungsland (sagen wir Frankreich) ohne Zustimmung des Urhebers unzulässig wäre. Darin erblickt Marwitz eine schwere Gefahr für die Achtung vor der Berner Konvention im zwischenstaatlichen Verkehr. Es mag dahingestellt bleiben, ob es angebracht scheint, sich hier von ethischen Erwägungen leiten zu lassen (da man dann gerade in den zwischenstaatlich geregelten urheberrechtlichen Fragen der Berner Konvention auch unschwer auf manchen Parallelfall stoßen würde). Aber in der oben im Entwurf als Abs. I gegebenen Fassung sind diese Bedenken zerstreut. Es ist dort ausdrücklich gesagt, daß unter die gesetzliche Lizenz nur solche Werke fallen

---

[24] Heute ist es mehr als zweifelhaft, ob beispielsweise musikalisch-dramatische Werke unter den Begriff „Werk der Tonkunst mit Text" zu subsumieren sind; vgl. nur Goldbaum zu § 22 unter III (S. 191). Possen mit musikalischen Einlagen, Dramen mit Begleitmusik usw. würden ja zweifellos ganz ausscheiden.

sollen, die „nach Maßgabe des § 1 LUG. geschützt und die im Deutschen Reiche erschienen sind". Damit sind ausländische Werke, die im Deutschen Reiche nicht erschienen sind, ausgeschlossen. Diese Werke könnten nur mit Zustimmung des Inhabers des Urheberrechts in Deutschland funkmäßig wiedergegeben werden. Soweit das ausländische Werk aber in Deutschland erschienen ist, würde es (etwa unter den Voraussetzungen des Art. 5 RBUe) selbstverständlich unter die gesetzliche Lizenz fallen (vgl. Goldbaum zu Art. 5), ohne daß deshalb die Befürchtungen, die Marwitz geäußert hat, verwirklicht schienen. Eine derartige Gestaltung der gesetzlichen Lizenz in ihrer Ausdehnung ausländischen Werken gegenüber dürfte das Recht der Allgemeinheit in genügender Weise statuieren. Denn dieses Recht der Allgemeinheit ist aufzufassen als ein nationales Recht, als das Recht aller Volksgenossen oder zumindesten einer unbegrenzten Zahl von ihnen, die hervorragendsten Schöpfungen der deutschen Geisteswelt kennenzulernen. Ist doch der deutsche Rundfunk in der kurzen Zeit seines Bestehens zum vornehmsten und vernehmlichsten Träger deutschen Kulturwillens und deutschen Kulturgewissens geworden (Hoffmann, a. a. O., S. 256). Damit ist dem Rundfunk in erster Linie eine nationale Aufgabe gestellt; um diese voll ausfüllen zu können muß eine gesetzliche Lizenz gefordert werden. Ausländische Werke, die dem deutschen Rundfunk nicht zur Verfügung stehen sollten, müssen dagegen durch andere Werke ersetzt werden. Auf sie braucht sich die gesetzliche Lizenz nicht zu erstrecken.

In diesem Zusammenhang muß auch auf die umstrittene Formulierung des Abs. II des Art. 11bis RBUe. eingegangen werden (vgl. dazu den Kommentar von Goldbaum, Neugebauer, Arch. f. Funkr. **1928**, 304f [unter d] sowie Hoffmann, a. a. O., S. 258f.). Folgt man hier der Hoffmannschen Auslegung (vgl. auch den Kommissionsbericht Drucksache Nr. 105), die zwar nicht unbestritten, logisch aber zweifellos die einwandfreieste ist, dann würde die gesetzliche Lizenz sich nicht auf die Werke der Staatsangehörigen von Verbandsländern beziehen, so daß tatsächlich durch diese Lizenz eine auf den betreffenden Staat beschränkte Norm geschaffen würde. In der Hoffmannschen Fassung der gesetzlichen Lizenz sind diese Fragen nicht herangezogen; dort würde die Auslegung eingreifen müssen. Der hier vertretene Entwurf deckt sich völlig mit der Ansicht Hoffmanns, glaubt dies jedoch auch im Gesetz festlegen zu sollen.

IV. Exkurs.

§ 16. Die Rechtslage in Österreich. — Legislatorische Vorschläge.

Jede Abänderung eines deutschen Gesetzes wird in Zukunft nicht achtlos an dem Gedanken der Rechtsangleichung zwischen Deutschland und Österreich vorübergehen können. Andererseits wird von österreichischer Seite der deutschen Gesetzgebung alle nur mögliche Aufmerksamkeit entgegengebracht werden müssen. Es wird stets zu prüfen sein, ob neu zu schaffende Gesetze, ob irgendwelche Änderungen der bestehenden Gesetze nicht einheitlich durchgeführt werden können.

Es soll daher im Rahmen dieser Arbeit eine kurze Auseinandersetzung der oben vertretenen legislatorischen Vorschläge mit dem heutigen österreichischen Rechtszustand geboten werden, ohne daß der Verfasser glaubt, deswegen den Vorwurf einer überflüssigen Abschweifung befürchten zu müssen.

Das bekannte Urteil des Obersten (österreichischen) Gerichtshofs vom 28. September 1927 (im Wortlaut in Bl. f. Funkr. **1927**, 227ff.) hat sich im Gegensatz zur Rechtsprechung des deutschen Reichsgerichts auf den Standpunkt gestellt, daß die funkmäßige Wiedergabe erschienener Schriftwerke erlaubt sei. Der Rechtszustand in Österreich ist demnach heute derart, daß der Urheber durch das geltende Recht keinen Schutz gegen die funkmäßige Wiedergabe erschienener Schriftwerke genießt.

Dieses Urteil ist in Deutschland lebhaft kritisiert worden, im wesentlichen deshalb, weil dadurch ohne zwingenden Grund die Unterschiede zwischen deutschem und österreichischem Recht vertieft statt überbrückt worden sind. Tatsächlich handelt es sich bei diesen Fragen um keinen Fall, der eine schlechterdings verschiedene Entscheidung erforderlich macht, weil die Gesetze beider Staaten inhaltlich weit voneinander abweichen. Im Gegenteil hätte das österreichische Gesetz hier eine Auslegung gestattet, die der Rechtsauffassung des Reichsgerichts (RGZ. 113/413) entsprechen würde.

Die einschlägigen Bestimmungen des österreichischen Gesetzes betr. das Urheberrecht an Werken der Literatur, Kunst und Photographie vom 26. Dezember 1895 (RGBl. Nr. 197) in der Fassung vom 13. Juli 1920 (StGBl. Nr. 417) haben (in der Fassung der Novelle) folgenden Wortlaut:

§ 23:

Abs. I. Das Urheberrecht an Werken der Literatur umfaßt das ausschließliche Recht, das Werk zu veröffentlichen, zu vervielfältigen, zu vertreiben, zu übersetzen, zur mechanischen Wiedergabe für das Gehör oder zur Darstellung des Inhalts mittels der Kinematographie oder eines ihr ähnlichen Verfahrens zu verwerten, ferner, solange das Werk noch nicht erschienen ist, es öffentlich vorzutragen.

Abs. II. Das Urheberrecht an dramatischen, choreographischen oder pantomimischen Werken und an den im § 4 Ziff. 2 angeführten Werken der Kinematographie umfaßt auch das ausschließliche Recht, das Werk öffentlich aufzuführen.

§ 28:

Abs. I. Das Urheberrecht an Werken der Tonkunst umfaßt das ausschließliche Recht, das Werk zu veröffentlichen, zu vervielfältigen, zu vertreiben, öffentlich aufzuführen oder zur mechanischen Wiedergabe für das Gehör zu verwerten.

Abs. II (hier bedeutungslos).

Nachdem nun die oberstgerichtliche Rechtsprechung und auch die Mehrheit der Literatur (vgl. darüber Seiller, Österreichisches Urheberrecht, S. 83f.) eine scharfe Unterscheidung zwischen dem Begriff des „Verbreitens" des deutschen Gesetzes und dem „Vertreiben" des österreichischen gemacht und den Begriff der Verbreitung als den weiteren bezeichnet hat, unterliegt es für Österreich keinem Zweifel, daß die funkmäßige Wiedergabe eines erschienenen Werkes der Literatur, solange der Gesetzgeber nicht eingreift, der Zustimmung des Urhebers nicht bedarf. „Ein Zweifel könnte diesbezüglich nur bei dramatischen Werken entstehen; denn bei diesen steht dem Urheber auch das ausschließliche Recht der öffentlichen Aufführung zu, und in der Rundfunkaussendung eines dramatischen Werkes könnte eine öffentliche Aufführung des Werkes erblickt werden. Die Entscheidung dieser Frage hängt von der Auslegung des Begriffes ‚Aufführung' im Sinne des Urheberrechtsgesetzes ab. Versteht man hierunter, wie es in dieser Schrift geschieht, die sinnenfällige Darstellung eines Werkes mit den seiner Kunstform entsprechenden Mitteln, so wird man die rundfunkmäßige Aufführung nicht als Aufführung im Sinne des Gesetzes erklären, da es wenigstens bis jetzt noch nicht möglich ist, das Werk durch den Rundfunk auch für das Auge zur Darstellung zu bringen" (Seiller, a. a. O.).

Für Werke der Tonkunst dagegen ist auch in Österreich ein ausschließliches Recht zur Aussendung des Werkes durch den Rundfunk anerkannt (aus der besonderen Erwägung heraus, daß hier eine Aufführung vorliegt).

Die österreichische Rechtsprechung (wenigstens die des Obersten Gerichtshofes) hat also in Hinsicht auf erschienene Werke der Literatur ein Recht der Allgemeinheit anerkannt, ein Recht, das aber durch die bestehenden Gesetze in keiner Weise garantiert ist.

Dieser Rechtszustand erscheint nicht begrüßenswert: Anerkennung eines Rechts der Allgemeinheit nur teilweise, also verschiedene Behandlung von Werken der Literatur und der Tonkunst, Anerkennung dieses Rechts rein einseitig auf Kosten der Urheber, Gefährdung der Rechtsgleichheit!

Für Österreich können daher die gleichen Erwägungen herangezogen werden, die uns oben für Deutschland ausführlich beschäftigt haben.

Unschwer wäre das österreichische Gesetz den in dieser Abhandlung gemachten legislatorischen Vorschlägen anzupassen:

Entsprechend der Neufassung des § 11 Abs. I des deutschen LUG. wären in den Abs. I des § 23 des österreichischen Gesetzes die Worte „und funkmäßig wiederzugeben" einzuschieben, zweckmäßig hinter „zu vertreiben", vor „zu übersetzen". Der Abs. II des § 23 würde dann für den Rundfunk keinerlei Bedeutung mehr haben, da dann die funkmäßige Wiedergabe eine selbständige Befugnis, nicht mehr eine Aufführung sein könnte. Die diesbezüglichen Streitfragen (Seiller, a. a. O., S. 83f.) wären behoben.

Ebenso wäre in den § 28 hinter „öffentlich aufzuführen", vor „und zur mechanischen Wiedergabe" einzufügen „funkmäßig wiederzugeben". Diese Ergänzung wäre aus rein systematischen Gründen zu fordern. Es gilt, dem Urheber die Befugnis der funkmäßigen Wiedergabe als selbständige Befugnis vorzubehalten. Daher muß es ohne Einfluß bleiben, wenn Theorie und Praxis in Österreich bei Werken der Tonkunst dem Urheber bereits ein ausschließliches Recht zuerkannten (allerdings aus dem Gesichtspunkt der öffentlichen Aufführung heraus). Denn jetzt (vgl. die vorgeschlagene Neufassung des § 23) würde die funkmäßige Wiedergabe in keinem Falle mehr eine öffentliche Aufführung sein.

An die Frage der Einführung einer gesetzlichen Lizenz zugunsten des Rundfunks würde mit den gleichen Erwägungen heranzutreten sein wie sie oben für das Gebiet des deutschen Rechts entwickelt sind. Nach den soeben vorgeschlagenen Änderungen des österreichischen Gesetzes würde der Ausgangspunkt genau derselbe sein wie der, von dem aus die Darlegungen für die gesetzliche Lizenz zugunsten des deutschen Rundfunks gemacht worden sind. Die für Deutschland de lege ferenda gegebenen Vorschläge könnten also für Österreich entsprechend auf ihre Verwendbarkeit untersucht werden. Empfehlen würde es sich, bei der tatsächlichen Einführung der gesetzlichen Lizenz für beide Staaten den gleichen Wortlaut zu wählen und die Lizenz auf die in beiden Staaten erschienenen und in beiden Staaten Urheberschutz genießenden Werke auszudehnen, da die Einheit der Sprache und die Einheit der künstlerischen Produktion eine Trennung bedenklich erscheinen lassen müßte.

Das österreichische Gesetz umfaßt, weitergehend als das deutsche Literaturkurhebergesetz, zugleich den Urheberschutz für Kunst und Photographie. Auf die für den Bildfunk eventuell einschlägigen Bestimmungen der §§ 32—36 braucht hier im einzelnen nicht eingegangen zu werden, da ja der Bildfunk im Rahmen dieser Arbeit keine Berücksichtigung finden soll. Bei der Stellung des Obersten (österreichischen) Gerichtshofs erscheint es aber nicht ganz sicher, ob die §§ 32ff. (für Werke der bildenden Künste) und § 35 (für Photographien) dem Urheber einen entsprechenden Schutz gewähren werden. Da es sich hier um ein einheitliches Gesetz handelt, sollte es schon aus systematischen Gründen unbedenklich scheinen, in den Tatbestand der genannten Paragraphen an entsprechender Stelle die „funkmäßige Wiedergabe" als selbständige Befugnis des Urhebers aufzunehmen, ohne daß es einer genauen Auseinandersetzung der Wirksamkeit der genannten Bestimmungen dem Bildfunk gegenüber in diesem Zusammenhang bedarf.

V. Domaine public payant, Domaine d'Etat und der deutsche Rundfunk.

§ 17. Begriffsbestimmung. — Ausländisches Recht. — Kritische Würdigung.

Von französischer Seite sind in den letzten Jahren nicht unerhebliche Anstrengungen gemacht worden, um den Schutz des Urhebers noch weiter auszubauen als dies bereits in dem französischen Begriff des droit d'auteur als Vollrecht zum Ausdruck kommt. Und zwar soll sich dieser Schutz erstrecken auf die Zeit, da das Werk infolge Verstreichens der Schutzfrist nach bisheriger Auffassung allgemeinfrei geworden ist. Beim Domaine public payant soll diese nach Ablauf der Urheberschutzfrist in Geltung tretende Abgabe für die Wiedergabe der freien Werke an Private zu zahlen sein, sei es an Rechtsnachfolger des Urhebers, sei es an Autorenorganisationen. Das Domaine d'Etat dagegen sieht die gleiche Abgabe an den Staat vor, der dafür gewisse die nationale Kunst fördernde Aufgaben erfüllen soll.

Es würde über den Rahmen der vorliegenden Arbeit weit hinausgehen, wollte man hier ausführlich das Für und Wider zur Darstellung bringen (vgl. zu diesen Fragen insbesondere Vilbois, „Du Domaine public payant," Paris 1929, auch Grunebaum-Ballin, „Le droit moral des auteurs et des artistes," Paris 1928). Hier kann dieses Problem nur aus dem Gesichtspunkt des Rundfunks betrachtet werden. Noch enger gefaßt kann es sich bei unserem Thema nur um die Frage handeln: würde für Deutschland ein Domaine d'Etat bzw. ein Domaine public payant im Interesse des Rechts der Allgemeinheit zu wünschen sein.

Bei dieser Formulierung kann das eigentliche Domaine public payant von vornherein ausscheiden: denn es würde eine schwere Belastung des Rundfunks bedeuten, wollte man die Sendegesellschaften zwingen, für gemeinfrei gewordene Werke an Rechtsnachfolger des Urhebers oder an Autorenorganisationen eine Entschädigung zu zahlen. Damit würde einseitig den Interessen der Urheber gedient (wie ja auch gerade aus Kreisen der Urheber und deren Interessenvertreter diesen Gedanken bisher besonderer Beifall gezollt worden ist; vgl. etwa Goldbaum, „Die deutschen Urheber, ihre Not — ihre Rettung"). Der Rundfunk würde vor eine schwerwiegende Belastung seines Budgets gestellt, die die Sendegesellschaften zwingen müßte, einen erhöhten Beitrag von den Hörern zu verlangen (oder aber sich weitgehend vom Staat subventionieren zu lassen). Die Einführung des Domaine public payant würde also eine klare Verschlechterung des Rechts der Allgemeinheit bedeuten: entweder eine finanzielle Mehrbelastung der Allgemeinheit (die unbedingt vermieden werden muß, weil es sich ja beim Rundfunk vorwiegend um Hebung des geistigen Niveaus der Masse handeln soll, die als solche bei jeder Steigerung der Beiträge dem Rundfunk die Gefolgschaft verweigern würde) oder eine Verschlechterung des Programms (die Sendegesellschaften würden auf Kosten der Qualität versuchen müssen, billiger zu arbeiten) würde unausbleiblich sein. Das Domaine public payant im genannten Sinne würde also mit Recht von den Sendegesellschaften auf das schärfste zu bekämpfen sein.

Anders könnte sich die Lage hinsichtlich des Domaine d'Etat gestalten. Zunächst würde auch hier eine finanzielle Mehrbelastung der Sendegesellschaften eintreten. Nutznießer dieser Einnahmen wäre aber hier nicht eine Urheberorganisation oder ein Rechtsnachfolger des Urhebers, sondern der Staat, der die Einnahmen in eine Kasse fließen läßt, die dem Rundfunk als Volksbildungsfaktor wieder zugute kommen könnte.

Es empfiehlt sich, vergleichsweise die positive Gestaltung des Domaine d'Etat in dem einzigen Staate heranzuziehen, der sie bis heute gesetzlich normiert hat: Italien.

Das neue italienische Urheberrechtsgesetz vom 7. November 1925 (vgl. dazu Hoffmann: GRUR. **1928**, 39ff.) hat in seinem Art. 34 die Bestimmung, daß für jede öffentliche Aufführung eines Bühnenwerks eine Abgabe von 5% des Bruttoertrages an den Staat abzuführen ist, der als Gegenleistung in seinem Jahreshaushalt die Summe von 2 Mill. Lire zur Unterstützung der geistigen Arbeiter und zur Subventionierung der künstlerische Zwecke verfolgenden Theater einsetzt. (Dabei ist zu beachten, daß hier der Begriff des Domaine d'Etat abweichend von dem oben gegebenen gefaßt ist: im italienischen Gesetz soll die Abgabe nur Theaterstücke treffen.)

Der Art. 34 des genannten Gesetzes nennt den Rundfunk nicht. Es handelt sich hierbei also weder um eine Belastung noch auch um eine Begünstigung des Rundfunks. Trotzdem verdient diese Bestimmung hier vergleichsweise herangezogen zu werden; denn es ist dort ein Weg gezeigt, wie man das Domaine d'Etat normieren könnte, wobei in der italienischen Fassung der Rundfunk unschwer hätte herangezogen werden können, sofern dies beabsichtigt gewesen wäre. Daß man es nicht getan hat, beruht auf guten Gründen. Würde dem Rundfunk damit ein klarer Vorteil erwiesen sein, man hätte den Art. 34 weiter gefaßt. Dafür bürgt die rundfunkfreundliche Einstellung des italienischen Gesetzgebers (es braucht zum Beleg nur auf die umfassende gesetzliche Lizenz zugunsten des Rundfunks verwiesen zu werden). Man glaubte also in Italien nicht im Interesse des Rundfunks zu handeln, wollte man das Domaine d'Etat auf ihn erstrecken.

Frankreich kennt das Domaine d'Etat in seinen Gesetzen (noch?) nicht. Gesetzesvorschläge dagegen sind mehrfach gemacht worden (wobei allerdings auch das Domaine public payant stets mit herangezogen wurde). (Zu diesen Fragen vergleiche ausführlich die Darstellung bei Vilbois, a. a. O., S. 175—238; auch Droit d'Auteur 1927, S. 103ff.) An dieser Stelle genügt es, einen Gesetzentwurf zu beleuchten, der im Jahre 1927 in Frankreich Aufsehen erregt und weit größere Beachtung gefunden hat als seine Vorgänger (vgl. den Wortlaut dieser „lex Herriot" in Bl. f. Funkr. **1927**, 194, in der Übersetzung von Hoffmann im Börsenblatt für den Deutschen Buchhandel **1927**, Nr. 275, siehe auch die Kommentierung durch Tabouis in Bl. f. Funkr. **1927**, 192ff.)[25]. Bei diesem Entwurf handelt es sich zunächst um ein reines Domaine d'Etat: vgl. den französischen Titel „Projet de loi ayant pour objet la création d'une Caisse nationale des lettres, arts et sciences et l'établissement au profit de cette caisse de redevances sur l'exploitation des oeuvres littéraires et artistiques entrées dans le domaine public." Zwar nennt dieser Entwurf den Rundfunk mit keinem Wort. Trotzdem liegt es nahe, die Einwirkungen auf den Rundfunk zu betrachten. „Es ist (daher) dringend notwendig, daß die Sendegesellschaften, die in weitem Umfang gemeinfreie Werke senden, unverzüglich dieses Problem studieren" (Tabouis, a. a. O., in der Übersetzung von Hoffmann). Die Abgabepflicht, die sich auf alle Arten der Verbreitung bezieht (im einzelnen Art. 4 des Entwurfs), soll jedoch im Hinblick auf das Allgemeinheitsinteresse nicht ausnahmslos sein. Da der Rundfunk zur Verbreitung der Kultur in weiten Volkskreisen bahnbrechend wirkt, da der Rundfunk nicht arbeitet, um einen finanziellen Nutzen zu erzielen, könnte er zweifellos Anspruch darauf erheben, hier als Ausnahme behandelt zu werden (worauf schon Tabouis, a. a. O., hinweist). Ob und in welcher Weise dies praktisch verwirklicht werden könnte, bleibt aber eine offene Frage. Gerade die Abgrenzung dieser Ausnahmen könnte sehr leicht den ganzen Plan dieses Domaine d'Etat in der hier vorgeschlagenen Form zum Scheitern bringen. Meines Erachtens sollte es jedenfalls nicht möglich sein, den Rundfunk von den finanziellen Verpflichtungen auszunehmen, ihm aber dann aus dem öffentlichen Fonds für Literatur, Kunst und Wissenschaft einen Anteil zu gewähren (vgl. hierzu Ziff. 2 des Art. 1 des Entwurfs). Gewiß wäre es keineswegs un-

[25] Ganz im gleichen Sinne auch ein Entwurf zum polnischen Urheberrechtsgesetz von Przesmycki (Einzelheiten in DA. **1926**, 130).

billig, den Rundfunk unter die zu unterstützenden „institutions créées en faveur des lettres, des sciences et des arts“ zu subsumieren. Ihn aber einseitig durch ein Domaine d'Etat zu unterstützen, ihn zu unterstützen auf Kosten aller derjenigen, die Beiträge zu dieser Kasse zu leisten haben (und jede Art der Verbreitung soll ja ergriffen werden, wobei Verbreitung nicht in dem engen Sinn des § 11 unseres LUG. aufgefaßt werden darf!), sollte vermieden werden[26]. Gilt es doch zu beachten, daß der Rundfunk nicht alleiniger Volksbildner ist. Mit anderen Worten: Entweder lasse man den Rundfunk frei von einer Besteuerung der allgemeinfrei gewordenen Werke und man lasse ihm aus einem solchen Fonds auch keine Unterstützung zufließen; oder aber, man ziehe auch den Rundfunk zu Abgaben heran, die man ihm später wieder gutbringt. Was damit für den Rundfunk gewonnen sein soll, vermag ich allerdings nicht zu erkennen.

In Wahrheit richtet sich aber die Tendenz des französischen Entwurfs auf etwas anderes als dies die Überschrift zu sagen scheint. Man will durch diesen Entwurf das Domaine d'Etat begründen, unbestritten! Aber man will es zusammenkoppeln mit dem Domaine public payant!

Art. 5 des Entwurfs führt aus, daß die Urheberorganisationen die Gebühren (in Vorschlag gebracht sind 6 %: Art. 4 Abs. I) einziehen sollen; daß die Einkünfte nach einem bestimmten Schlüssel zwischen Urhebern und Staat zu teilen sind, sagt deutlich Art. 6[27].

Art. 4 bis Art. 5 Abs. I sprechen ebenso wie der Titel des Entwurfs nur von einem Domaine d'Etat. Dann aber steht auf einmal das Domaine public payant gleichberechtigt zur Seite, recht unmotiviert, verständlich nur vom Standpunkt des französischen Rechts aus. Die Urheberorganisationen ziehen die Gebühren ein; sie erhalten neben den erheblichen Verwaltungskosten einen großen Teil aller Einnahmen. Der Rest nur kommt dem „Fonds für Literatur, Kunst und Wissenschaft, der das geistige und künstlerische Schaffen sicherstellen und entwickeln soll“, zustatten.

Nach Art. 2 des Entwurfs liegt die Leitung dieser Nationalkasse im wesentlichen in den Händen der Autoren. — Auch das muß bedenklich stimmen.

Die genaue Verteilung würde sich nach dem Entwurf wie folgt gestalten: Von dem Reinertrag der Abgabe von 6 % erhalten die direkten Abkommen des Urhebers bis zum dritten Gliede bzw. seine Vermächtnisnehmer 33 %. Der Rest bzw. die vollen 3 % nach Ablauf von 100 Jahren nach dem Tode des Ur-

[26] Die vergleichende Gegenüberstellung (Tabouis: a. a. O., S. 193) eines Verlegers und der Sendegesellschaft ist gewiß richtig. Aber es bleibt zu bedenken, daß beispielsweise eine Vielheit von Theatern auch nicht aus rein finanziellen Überlegungen handelt, wie dies beim Verleger unbestritten der Fall ist. Die Ausnahmestellung des Rundfunks kann hieraus noch nicht allgemein gefolgert werden.

[27] Einzelheiten interessieren hier nicht. Vgl. dazu den Text des Entwurfs a. a. O. und Hoffmann: GRUR. **1928**, 41.

hebers werden zwischen der mit Einziehung der Abgabe beauftragten Urheberorganisation und der ad hoc gegründeten Nationalkasse geteilt.

Daß dieser Rest nicht mehr groß sein kann, zumal wenn man die sicher außerordentlich hohen Verwaltungskosten noch in Abzug bringt, darf kaum bezweifelt werden. Die Nationalkasse würde also wahrscheinlich ihren Verpflichtungen nicht nachkommen können, zumindesten aber nicht in einer solchen Weise, daß vom Standpunkt der Interessen der Allgemeinheit eine solche Regelung gutgeheißen werden könnte. In Wahrheit also handelt es sich kaum mehr um ein Domaine d'Etat, sondern um ein reines Domaine public payant, um eine weitere Verstärkung des Droit d'auteur, das durch „die schöne Geste der Förderung der geistigen Kultur" (Hoffmann, a. a. O.) Anhänger zu werben sucht.

Dieser Weg kann für Deutschland nicht gangbar sein. Ein Domaine public payant würde nicht nur den uns hier speziell interessierenden Interessen des Rundfunks zuwiderlaufen, es würde das Recht der Allgemeinheit im weitesten Sinne beschneiden. Es kann hier nicht die Streitfrage: 30 oder 50 Jahre Schutzfrist? herangezogen werden. Aber es muß eine Zeit kommen, wo das Recht der Allgemeinheit stärker zum Ausdruck kommt, wo das jahrzehnte gesicherte Recht des Autors zu weichen hat. Eine weitergehende Beschneidung dieses Rechts der Allgemeinheit erscheint, zumindesten dem deutschen Rechtsempfinden, unbillig.

Überhaupt diskutierbar ist vom deutschen Standpunkt aus also nur ein reines Domaine d'Etat. Es mag Stimmen geben, die es begrüßen würden. Aus dem Gesichtspunkt des Rundfunks aber darf man ruhig beiseitestehen. Der Rundfunk als solcher und die Allgemeinheit, die hinter dem Rundfunk steht, haben von einem Domaine d'Etat keine Stärkung ihrer Lage zu erwarten. Das beweist die Fassung des oben genannten italienischen Gesetzes. Das Recht der Allgemeinheit gebietet keine Änderung der Rechtslage in diesem Sinne. Ist doch der Rundfunk unter dem heute geltenden Recht durchaus in der Lage, seinen moralischen Verpflichtungen der Allgemeinheit gegenüber mit den finanziellen Mitteln nachzukommen, die ihm heute zur Verfügung stehen. Der Rundfunk ist auf eine Unterstützung aus den Mitteln eines Domaine d'Etat nicht angewiesen. Er kann es abwarten, wie die Rechtslage sich hier gestalten wird. Sollte der Gesetzgeber[28] das Prinzip der Erweiterung des Urheberschutzes auf die gemeinfreien Werke im deutschen Recht verankern wollen, dann wird es an der Zeit sein, daß der Rundfunk bei der Neuregelung nicht beiseite steht, daß er zumindesten

[28] Das erscheint für Deutschland durchaus unwahrscheinlich. Man hat bereits in den Nachkriegsjahren unter dem Schlagwort „Kulturabgabe" für diese Ideen Propaganda gemacht, — vergeblich!

nicht schlechter gestellt wird als dies nach heute geltendem Recht der Fall ist. Dann wird er seine und die Interessen der Allgemeinheit zu verteidigen haben, die heute auf andere Punkte sich erstrecken als auf das Domaine d'Etat.

VI. Urheberrechtsschutz des ausübenden Künstlers?

§ 18. Die Rechtslage nach geltendem Recht.

Ein urheberrechtlicher Schutz des ausübenden Künstlers ist dem deutschen Recht bis heute unbekannt geblieben (wenn man nicht die weiter unten noch ausführlicher zu behandelnde Ausnahmebestimmung des § 2 Abs. II LUG. hierhin rechnen will). Auch die ausländischen Gesetzgeber haben dem ausübenden Künstler bis heute jeden urheberrechtlichen Schutz versagt.

Das bekannte englische Gesetz zum Schutz der darstellenden Künstler (the Dramatic und Musical Performers Protection Act, vom 31. Juli 1925), das als reines Strafgesetz aufzufassen ist und Schutz gegen „records" gewährt, gehört nicht hierher. Dieses Gesetz sichert lediglich den darstellenden Künstlern den Schutz gegen mechanische Wiedergabe, welcher bisher nur den Urhebern literarischer und musikalischer Werke gewährt war. Es steht fest, daß dieses Gesetz einen Schutz gegen funkmäßige Wiedergabe nicht enthält (vgl. dazu ausführlich Smoschewer: GRUR. **1926**, 426ff.).

In den letzten Jahren ist nun mehrfach der Versuch gemacht worden, einen urheberrechtlichen Schutz des ausübenden Künstlers auf zwischenstaatlicher Grundlage zu schaffen. Es genügt hier, auf die Normen des ersten internationalen Rundfunkkongresses in Paris (1925), des zweiten in Genf (1927), auf die Normen der Kongresse der Association littéraire et artistique internationale zur Vorbereitung der Internationalen Konferenz in Rom zur Revision der Berner Konvention für den Schutz der Werke der Literatur und Kunst, auf die dort vorgeschlagene Formulierung und schließlich auf den dritten internationalen Funkrechtskongreß in Rom hinzuweisen[29]. Zu einem positiven Resultat ist man bis heute nirgends gekommen.

Für uns handelt es sich bei dieser von den ausübenden Künstlern geforderten Erweiterung des Urheberschutzes um die engere Frage, ob nach der heute herrschenden Rechtslage das Interesse des einzelnen wiedergebenden Künstlers dem Rundfunk gegenüber in solchem Maße geschützt ist, daß von einem gerechten Ausgleich der Interessen gesprochen werden kann.

---

[29] Zur genauen Orientierung über den dritten Funkrechtskongreß sei auf Willy Hoffmann: Arch. f. Funkr. **1928**, 579ff., verwiesen, wo auch die gesamten Vorschläge der Romkonferenz zu diesem Punkte erschöpfend zu finden sind; siehe weiter Arch. f. Funkr. **1928**, 624.

Es darf vorausgenommen werden, daß die Rundfunkgesellschaften vom rein subjektiven Standpunkt aus keinerlei Interesse daran haben können, daß der Kreis der urheberrechtlich geschützten Personen erweitert wird. Würde doch eine jede Erweiterung eine erneute Belastung des Rundfunks in finanzieller und verwaltungstechnischer Hinsicht bedeuten. Das Gegenteil ist von seinem Standpunkt aus erwünscht. Diese rein einseitige Betrachtungsweise darf jedoch nicht dazu führen, berechtigten Interessen der ausübenden Künstler die Anerkennung zu versagen. Handelt es sich doch darum, hier einen wirklich gerechten Interessenausgleich zu finden!

§ 19. Forderungen der ausübenden Künstler und kritische Stellungnahme.

Für die ausübenden Künstler wird es sich dem Rundfunk gegenüber um folgende Punkte handeln:

1. Schutz des ausübenden Künstlers und seiner Leistungen gegenüber der Schallplatten- und der phonographischen Industrie, dem Tonfilm und der Ausnutzung der Rundfunkdarbietungen durch Dritte.

2. Sicherstellung des Persönlichkeitsrechts und einer angemessenen Entschädigung der ausübenden Künstler für ihre Leistungen[30].

Zu diesen Forderungen könnten sich einige spezielle der Bühnenangehörigen gesellen, von denen unten besonders zu sprechen sein wird.

Es unterliegt keinem Zweifel und es ist nirgends bestritten worden, daß der ausübende Künstler heute eines erhöhten Schutzes gegenüber der Ausbeutung seiner künstlerischen Leistungen bedarf, da der Rundfunk seine Darbietungen in weit höherem Maße der Öffentlichkeit bekannt macht als dies früher der Fall war, da andererseits durch den Rundfunk die Gefahr begründet ist, daß mechanische Musikindustrie, daß Tonfilm und anderweitige gewerbliche Ausnutzung die Existenz des ausübenden Künstlers bedrohen.

Die Frage, ob der heutige Rechtszustand den genügenden Schutz gegen gewerbliche Ausbeutung gewährt oder ob eine Ergänzung der betreffenden Gesetze geboten erscheint, wird uns in einem besonderen Kapitel noch eingehend zu beschäftigen haben. Hier handelt es sich zunächst um den Rechtscharakter dieses Schutzes. Wohl hat es nahegelegen, durch eine Ergänzung des Urheberrechtsgesetzes auch dem künstlerischen Vortrag den notwendigen Schutz gewähren zu wollen. Dagegen haben sich in der Theorie außerordentlich gewichtige Stimmen erhoben. In maßgebenden Kreisen der Praxis hat man eine solche

---

[30] Dabei ist die grundsätzliche Frage: Begründung eines Urheberrechts der ausübenden Künstler zur Wahrung ihrer künstlerischen Darbietungen in diesem Umfang ausgeschieden, da nicht zum Thema gehörend. Vgl. dazu Lion: GRUR. **1927,** 296ff. und die dort zitierte Literatur.

Lösung nicht für durchführbar gehalten. Man darf ruhig festhalten: „Der Urheberschutz gebührt dem Schaffenden, nicht dem Nachschaffenden. An diesem Grundsatz wird festzuhalten sein, auch wenn die so sehr unglückliche Umschreibung des Begriffs der „Bearbeitung" in unserem deutschen Gesetz ihn in den einzelnen Punkten durchlöchert hat" (Marwitz in GRUR. 1926, S. 573ff., unter Ziff. VI).

Ein besonderer Schutz des ausübenden Künstlers gegen eine gewerbliche Ausnutzung seiner künstlerischen Leistung wäre dagegen direkt oder indirekt außerhalb des Urheberrechtsschutzes de lege ferenda zu fordern, soweit die heutige Rechtslage diesen gerechten Forderungen der ausübenden Künstler nicht entsprechen sollte.

Damit aber fällt die erste Frage: Schutz des ausübenden Künstlers und seiner Leistungen gegenüber der Schallplatten- und der phonographischen Industrie, dem Tonfilm und der Ausnutzung der Rundfunkdarbietung durch Dritte aus diesem urheberrechtlichen Kapitel heraus. Wir werden unten bei der Frage des (gewerblichen) Rechtsschutzes die gleiche Frage wieder antreffen.

Wir kommen zum Punkt 2:

Sind im Hinblick auf den Rundfunk die Persönlichkeitsrechte der ausübenden Künstler nach heutigem Rechte in genügendem Maße geschützt? Bestehen genügende Garantien für eine finanzielle Sicherstellung?

Der Schutz des Persönlichkeitsrechts des ausübenden Künstlers ist gewahrt, wenn die rundfunkmäßige Übertragung technisch einwandfrei ist. Es muß also vermieden werden, daß infolge schlechter Wiedergabe der Ruf des nachschaffenden Künstlers (wie selbstverständlich auch der des Autors) durch Entstellung seiner künstlerischen Leistung leidet. Die Gefahr technisch mangelhafter Darbietungen ist heute durch die fortgeschrittene Technik in weitem Maße beseitigt und wird mit dem weiteren Fortschreiten der Technik noch weiter beseitigt werden. Völlig behoben ist sie heute noch nicht. Dieser Punkt braucht jedoch nicht eingehend behandelt zu werden. Wir hatten oben gesehen, daß das droit moral des Urhebers zwar in weitem Maße zu wahren war, daß aber gewisse Durchbrechungen im Interesse des Rechts der Allgemeinheit nicht zu umgehen waren. Die gesetzliche Lizenz in der in diesen Zeilen vorgeschlagenen Fassung schützte den Urheber zwar grundsätzlich gegen jede Art von Entstellung seines Werkes. Eine immerhin technische Unzulänglichkeit bei der funkmäßigen Wiedergabe mußte jedoch auch er hinnehmen, solange hinnehmen, als die Technik nicht Mittel und Wege gefunden hat, derartige Unzulänglichkeiten völlig zu beseitigen. Was aber dem Urheber zugemutet werden durfte, das muß meines Erachtens dem nachschaffenden Künstler ebenfalls tragbar erscheinen. Es liegt im eigenen Interesse einer jeden Sendegesellschaft, ihre Übertragungen technisch einwandfrei zu gestalten. Die in Deutschland durchaus wachsame Rundfunkkritik tut ein übriges, um technische Unzulänglichkeiten zu rügen. So sollte auch dem nachschaffenden Künstler Gewähr gegeben sein, daß sein künstlerischer Ruf durch die rundfunkmäßige Wiedergabe seiner Darbietungen keinerlei Schaden erleidet.

Aber selbst für den Fall, daß man wirklich ein Eingreifen des Gesetzgebers in diesem Punkte verantworten wollte: wie sollte dieser sich verhalten? Es wäre hier an die Regelung des schon mehrfach erwähnten italienischen Gesetzes vom 14. Juni 1928 zu denken.

Dort ist jeder Konzessionär des Rundfunks verpflichtet, für eine einwandfreie funkmäßige Wiedergabe zu garantieren. Die Wiedergabe muß in einer Weise durchgeführt sein, die den besten technischen Normen entspricht (Art. 2). Die Regierung überwacht eifrig und ununterbrochen den Rundfunkdienst. Die Einrichtungsproben für den Rundfunk werden von einem Beauftragten des Verkehrsministeriums kontrolliert, der die funkmäßige Wiedergabe unterbrechen kann, wenn er der Meinung ist, daß die Wiedergabe nicht einwandfrei ist. Dem übergeordneten Minister, dem sofort Mitteilung zu machen ist, steht dann bindende Entscheidung zu. Bei weiteren Rundfunkveranstaltungen wird die Kontrolle fortgesetzt. Auf Beschwerde oder auch auf Grund eigener Initiative hat der Verkehrsminister das Recht, die Rundfunkveranstaltungen zu kontrollieren, sie gegebenenfalls zu unterbrechen und für die Verbesserung erforderliche Maßnahmen aufzuerlegen.

Diese gesetzlichen Bestimmungen geben zweifellos dem Urheber und auch den nachschaffenden Künstlern (im italienischen Gesetz fallen sie unter den reichlich weiten Begriff der „aventi diritto“ gleich Anrecht Habende) volle Garantie, daß ihr moralisches Recht in der weitmöglichsten Art und Weise gesichert ist. Technischen Unzulänglichkeiten gegenüber wird aber auch der Minister in Italien machtlos sein.

Man darf wohl behaupten, daß die Rechtslage in Deutschland diesen Normen des italienischen Gesetzes durchaus gerecht wird, so daß es keiner entsprechenden positiven Gesetzesbestimmungen bedarf. Der deutsche Rundfunk genießt gerade auch im Ausland einen ausgezeichneten Ruf (vgl. dazu etwa Bredow, Vier Jahre deutscher Rundfunk, S. 141ff.) und bürgt durch seine ausgezeichnete Organisation dafür, daß es nicht der ministeriellen Unterbrechung einer Sendung bedarf. Ausnahmefälle sind sicher auch in Deutschland denkbar. Sie werden Ausnahmefälle bleiben. Ein Eingreifen des Gesetzgebers in dieser Hinsicht erscheint meines Erachtens durchaus unangebracht. Tatsächlich genießt auch der nachschaffende Künstler alle denkbaren Garantien. Kleine technische Unzulänglichkeiten wird er im Interesse der Allgemeinheit in Kauf nehmen müssen, die ein Recht darauf hat, alle, auch die ersten Künstler, im deutschen Rundfunk erscheinen zu sehen.

Bliebe also noch die finanzielle Frage!

Das eben genannte italienische Gesetz garantiert dem Autor und allen Ausführenden (den „aventi diritto“) eine angemessene Vergütung

(Art. 4). Diese angemessene Vergütung wird den deutschen ausübenden Künstlern in keiner Weise bestritten werden. Die Bühnenkünstler haben sie bereits erkämpft, wie wir bald sehen werden. Die anderen ausübenden Künstler werden nicht zurückstehen. Sie werden sich bemühen müssen, mit den Sendegesellschaften durch ihre Verbände Tarifverträge abzuschließen. Ein Tarifvertrag zwischen der Reichs-Rundfunkgesellschaft und der „Genossenschaft deutscher Bühnenangehöriger", dem Verband der deutschen Bühnenkünstler, ist zwar im Februar 1926 kurz vor dem Abschluß infolge Eingreifens des „Deutschen Bühnen-Vereins" (der Organisation der Bühnenarbeitgeber) gescheitert. Die Reichs-Rundfunkgesellschaft hat aber damals den ihr angeschlossenen Sendegesellschaften die Anweisung erteilt, die Honorare nach dem damaligen Vertragsentwurf zu bemessen, der somit praktisch wirksam geworden ist. Es unterliegt also keinem Zweifel, daß einem Tarifvertrag zwischen den ausübenden Künstlern, soweit sie nicht Mitglieder der „Genossenschaft der deutschen Bühnenangehörigen" sind, und der Reichs-Rundfunkgesellschaft nichts im Wege stehen würde.

Es verdient nochmals eines besonderen Hinweises: bei der oben ausführlich besprochenen gesetzlichen Lizenz zugunsten des Rundfunks sollte es sich um keine finanzielle Schädigung der Autoren handeln. Ebensowenig ist eine finanzielle Schädigung der ausübenden Künstler beabsichtigt. Die Entschädigung in angemessener Höhe soll in jeder Weise sichergestellt sein. Sie legislatorisch erst begründen zu wollen, wäre nicht am Platze. In der Fassung für eine gesetzliche Lizenz mußte dieser Punkt der Entschädigung ausdrücklich erwähnt werden, wie dies oben bei der hier gegebenen Fassung eines § 11a LUG. geschehen ist. Dort aber lagen die Verhältnisse durchaus anders.

Von seiten der ausübenden Künstler ist wiederholt vorgebracht worden, daß ihre Interessen dadurch geschädigt würden, daß der Name bekannter Künstler durch häufige rundfunkmäßige Mitwirkung derart bekannt würde, daß bei etwaigen Gastspielen, Soloabenden usw. des betreffenden Künstlers eine materielle Einbuße eintreten würde. Den entgegengesetzten Schluß halte ich für richtig. Der betreffende Künstler wird in Kreisen bekannt, die ihm ohne den Rundfunk ewig verschlossen blieben. Das Verlangen im Kreise des Publikums wird allgemein sein, den nur durch den Rundfunk Bekannten einmal von Angesicht zu Angesicht zu sehen. Der Rundfunk ist weder ein Konkurrent für das Werk als solches, noch für den Urheber des Werkes, noch auch für die bei der funkmäßigen Wiedergabe wirkenden Künstler. Für sie alle wird er werben, sie in weitestem Kreise bekannt machen, ihnen neue Anhänger zuführen, die das betreffende Werk auch im Theater kennenlernen, die es im Konzertsaal hören, als Buch lesen, den ausübenden Künstler von Angesicht kennenlernen wollen. Beweisen läßt sich diese Auffassung naturgemäß nicht, trotz verschiedentlicher Versuche, die überraschende Resultate gezeigt haben[31]. Aber ebensowenig ist die entgegengesetzte Meinung zu beweisen. Also darf man diese Betrachtungen, die mehr auf einer gefühlsmäßigen Einstellung aufbauen, bei der juristischen Betrachtung der Frage außer Spiel lassen. Man darf sich daher auf die gegebenen Ausführungen durchaus beschränken.

Diesen Erwägungen, die für alle ausübenden Künstler im Verhältnis zum Rundfunk gelten, stellen sich noch einige weitere speziell für die Bühnenkünstler an die Seite (ich halte mich hierbei an die Ausführungen von Wallauer im Arch. f. Funkr. **1928**, 465ff. als Entgegnung auf List, Arch. f. Funkr. **1928**, 115ff.). Dort werden gerechte und durchaus zu billigende Forderungen gestellt, die die Bedeutung des Rundfunks würdigen und dem Interesse der Sendegesellschaften in keiner Weise zuwiderlaufen. Größtenteils handelt es sich dort aber um Auseinandersetzungen mit den Bühnendirektionen. Dieses Verhältnis — ich möchte es als Innenverhältnis bezeichnen — kann den Sendegesellschaften nicht völlig gleichgültig sein. Über den Rahmen unseres Themas aber würde es hinausgehen, auf diese Streitfragen Bühnenarbeitgeber gegen Bühnenarbeitnehmer einzugehen. Es sei daher nur kurz auf die Ergänzung zu den Bestimmungen des „Normalvertrages" verwiesen (Wallauer, a. a. O., S. 467) und darauf, daß die hier genannte angemessene Vergütung mittlerweile durch den Spruch des Oberbühnenschiedsgerichts vom 6. November 1928 (abgedruckt im Arch. f. Funkr. **1929**, 48ff. unter B, bes. 53, 54) als wirklich angemessen angesehen werden darf. Es sei weiter darauf verwiesen, daß im anderen Urteil des gleichen Gerichts vom gleichen Tag (a. a. O. unter A, S. 47 a. E./48) diese angemessene Vergütung unabhängig vom übrigen Einkommen des Bühnenmitglieds garantiert ist. Soweit zum Punkte 1 der Forderungen Wallauers, a. a. O., S. 480. Punkt 2 fordert von den Sendegesellschaften unmittelbar den Abschluß eines Tarifvertrages. Dieser Punkt betrifft das Gebiet unserer Arbeit. Ein Eingreifen des Gesetzgebers bedingt er nicht. Punkt 3 endlich richtet sich an den Gesetzgeber: auch diese Forderungen finden unsere volle Billigung. Im Rahmen des urheberrechtlichen Schutzes aber sind sie nicht zu behandeln. Wir treffen später wieder mit ihnen zusammen. Denn dem ausübenden Künstler soll, das sei zum Abschluß nochmals gesagt, nur der Urheberrechtsschutz, nicht der Rechtsschutz überhaupt versagt sein.

[31] Man beachte hier nur das seinerzeit in Oslo unternommene Experiment, ein Bühnenwerk funkmäßig wiederzugeben, gleichzeitig die Hörer darauf aufmerksam zu machen, daß das gleiche Werk wenige Zeit später den Rundfunkteilnehmern als Theatervorstellung geboten werden soll und den zahlenmäßigen Erfolg dieser Aufführung in Funk 4, 48 (1927).

§ 20. Rundfunk, Schallplatte und ausübender Künstler. — Freiheit der Schallplattenkonzerte? (unter eingehender Berücksichtigung des zwischenstaatlichen Rechts).

Wir werden sehen, daß der Frage der Schallplattenkonzerte im Rundfunk ein besonderer Abschnitt dieser Abhandlung gewidmet werden muß, da diese Frage eine Änderung des LUG. bedingt.

Zwar ist die Rechtslage heute in der Praxis nicht zweifelhaft: Die phonographische Wiedergabe wird als Aufführung des Tonwerkes angesehen, und es wird der § 22a des LUG. herangezogen. Danach dürfen die Sendegesellschaften Schallplatten, die auf Grund einer gemäß § 22 LUG. erteilten Erlaubnis hergestellt sind, ohne eine weitere Erlaubnis zu öffentlichen Aufführungen, also auch zur radiotechnischen Wiedergabe benutzen (in diesem Sinne Neugebauer III. Aufl. S. 877ff.; dort auch Übersicht über die Literatur zu dieser Frage). Tatsächlich verfahren die Sendegesellschaften heute nach diesem Grundsatz.

Cahn-Speyer (Bl. f. Funkr. **1927**, 85ff.) kommt im Gegensatz zu der Praxis der Sendegesellschaften zu dem Ergebnis, daß an der öffentlichen Aufführung eines auf mechanische Instrumente übertragenen Werkes der Tonkunst durch den Rundfunk — im Gegensatz zu anderen öffentlichen Aufführungen — ein Aufführungsrecht besteht (a. a. O., S. 87), (wobei uns die Frage, ob der ausübende Künstler oder der Hersteller der Instrumente Inhaber dieses Aufführungsrechtes ist, hier nicht zu interessieren braucht). Und zwar kommt Cahn-Speyer zu diesem Resultat durch die Erkenntnis, daß der § 22a LUG. nicht auf den Rundfunk angewendet werden kann, da Rundfunkwiedergabe nur Verbreitung, nicht auch öffentliche Aufführung sei.

Unzweifelhaft wird das gleiche Resultat aber unter Berücksichtigung der oben vertretenen legislatorischen Vorschläge hinsichtlich einer Neufassung des § 11 Abs. I LUG., die ja für die weiteren Erwägungen in dieser Abhandlung maßgebend bleiben müssen. Denn die Einfügung der „funkmäßigen Wiedergabe“ in den § 11 Abs. I bewirkt, daß das Senden durch Rundfunk in keinem Falle mehr als Aufführung zu betrachten ist. Da der § 22a aber lediglich die öffentliche Aufführung freigibt, hätten die Sendegesellschaften bei einer derartigen gesetzlichen Regelung nicht mehr die Möglichkeit, wie bisher Schallplattenkonzerte ohne Zustimmung des Berechtigten zu senden.

Dieser Zustand würde jedoch den gerechten Interessen des Rundfunks in keiner Weise entsprechen können. Die Schallplattenkonzerte haben sich in dem Programm unserer Sendegesellschaften einen guten Platz gesichert. Sie sind (bei den heute vorzüglichen technischen Leistungen der Mehrzahl der Schallplattenfabriken) zu einem wesentlichen Faktor der Rundfunkdarbietungen geworden und haben bei den Rundfunkhörern ausgesprochen Beifall gefunden.

Wollte man nun heute die Sendegesellschaften zwingen, für die Schallplattenkonzerte ein besonderes Aufführungsrecht zu erwerben, dann würde das Budget der Sendegesellschaften eine schwerwiegende Belastung erfahren, die sich für die Rundfunkteilnehmer in einer Erhöhung der Beiträge würde auswirken können. Hier gelten dann die gleichen Erwägungen wie sie uns oben im Hinblick auf das Domaine public payant beschäftigt haben.

Das allein kann freilich noch nicht genügen, um die Freigabe der Schallplattenkonzerte für den Rundfunk zu fordern. Denn es handelt sich ja hier um die Frage eines gerechten Ausgleichs der Interessen, und zwar der finanziellen Interessen der ausübenden Künstler, der Hersteller der Schallplatten und der Autoren der fixierten Werke auf der einen, des Rundfunks und der dahinterstehenden Hörer auf der anderen Seite.

Den ausübenden Künstlern ist vom deutschen Gesetzgeber ebenso wie in Dänemark, Norwegen (vgl. Cahn-Speyer, a. a. O., S. 86) und der Schweiz (Art. 4, II) ein Urheberrecht bisher lediglich für die Übertragungen auf mechanische Instrumente durch den § 2 Abs. II des LUG. gewährt. Diese Bestimmung, die verschiedene Grundsätze des Urheberrechts durchbrochen hat (vgl. Marwitz-Möhring, Ziff. 12 zu § 2 LUG. S. 47), soll nach der Begründung der sie einführenden Novelle (S. 18) der Industrie einen Schutz gegen unwertige Nachbildung ihrer oft mit großen Kosten erworbenen Vorrichtungen bewilligen (dazu ausführlich Marwitz-Möhring, a. a. O., Ziff. 10). Der Gedanke des hier sicher nicht glücklich arbeitenden Gesetzgebers war also der, den Industriellen zu schützen, da der ausübende Künstler sein Aufführungsrecht in der Praxis regelmäßig an den Industriellen übertragen sollte.

Diese wenig vorteilhafte Fassung des Gesetzes besagt aber noch nichts gegen die Billigkeit der Gründe, die für einen finanziellen Schutz der ausübenden Künstler sprechen könnten. Daher muß bei der Interessenabwägung weitergegangen werden.

Der ausübende Künstler erhält bei der Aufnahme der Schallplatte sein festbestimmtes Honorar. Es bleibt ihm durchaus vorbehalten, ob er seine Kunst der Schallplattenindustrie zur Verfügung stellen will oder nicht. Arbeitet er für die mechanische Musikindustrie, dann stellt ihm das heutige LUG. den § 2 Abs. II zur Verfügung (siehe oben). Für öffentliche Aufführungen der hergestellten mechanischen Vervielfältigungen ist aber dieser Urheberschutz durchbrochen. Der § 22a stellt die Freiheit der öffentlichen Aufführungen her. Zweck der Bestimmung des § 22a ist ja gerade die Freiheit der Schallplattenkonzerte (Marwitz-Möhring zu § 22a Ziff. 1, S. 201)[32]. — Über die

[32] Es sei betont, daß jetzt lediglich von der öffentlichen Aufführung schlechthin, nicht vom Rundfunk, die Rede ist!

sachliche Berechtigung dieser Bestimmung ist gestritten worden (siehe etwa Marwitz-Möhring zu § 22a Ziff. 6). Aber der Gesetzgeber hat das Interesse der Allgemeinheit an den hergestellten mechanischen Vervielfältigungen für so weitreichend erachtet, daß er die Aufführungsfreiheit sicherte. Daher sollte dem Rundfunk als vernehmlichsten Träger der geistigen und künstlerischen Interessen einer Vielheit von Volksgenossen das gleiche Recht nicht zu verwehren sein, solange der Gesetzgeber auf der gewiß nicht unanfechtbaren Lage verharrt, die durch die Bestimmungen des § 2 Abs. II und § 22a LUG. geschaffen worden ist.

Als entscheidendes Kriterium für eine wirklich gerechte Interessenabwägung kann daher nur die Frage herangezogen werden: verträgt sich dieses den ausübenden Künstlern durch den § 2 Abs. II LUG. geschaffene Urheberrecht mit den Interessen des Rundfunks? Die Antwort hierauf kann nicht zweifelhaft sein!

Es widerspricht in keiner Weise den Interessen des ausübenden Künstlers, wenn seine künstlerischen Darbietungen, soweit sie mechanisch festgelegt sind, auch dem Rundfunk zur freien Verfügung stehen. Eine Einbuße seines künstlerischen Rufes hat er durch die funkmäßige Wiedergabe der Schallplatte nicht zu befürchten, da ja gerade die Schallplattenkonzerte technisch stets durchaus einwandfrei wiedergegeben worden sind und die Qualität der funkmäßigen Wiedergabe daher nur von der Qualität der Schallplatte abhängig ist. Eine Schädigung seiner finanziellen Interessen hat aber der Urheber durch die funkmäßige Wiedergabe ebensowenig zu erwarten. Denn er ist für seine Leistung ja bereits bei der Aufnahme der Schallplatte entschädigt[33]. Die funkmäßige Wiedergabe der Platte trägt dazu bei, ihn in einem weit größeren Kreise bekannt zu machen als dies ohne funkmäßige Wiedergabe der Fall sein würde. Daß aber eben diese Popularität dem Künstler ein Hemmnis irgendwelcher Art bereiten sollte, vermag ich nicht anzuerkennen. Die Frage spitzt sich also letzten Endes darauf zu, ob dem ausübenden Künstler überhaupt ein Urheberrechtsschutz zu gewähren ist. Diese Frage ist weiter oben verneint worden. Hier ist nicht der Ort, nochmals darauf einzugehen.

Ebensowenig kann die funkmäßige Wiedergabe einer Schallplatte den Interessen des Herstellers dieser Platte zuwiderlaufen. Hat doch die Praxis gelehrt, daß im Handel vornehmlich solche Platten verlangt wurden, die im Rundfunk an den vorhergehenden Tagen zur

[33] Hier liegt gerade der wesentliche Unterschied zwischen der Frage des Urheberrechtsschutzes des schaffenden und des ausübenden Künstlers. Der schaffende Künstler erhält seinen materiellen Lohn erst durch die Ausbeutung seines Werkes. Der ausübende Künstler wird materiell entschädigt bereits durch seine einmalige Leistung.

Vorführung kamen. Also ganz im Gegenteil eine Reklame, die der Rundfunk für die mechanische Musikindustrie und indirekt auch für den ausübenden Künstler macht!

In diesen Ausführungen war stillschweigend die nicht unbestrittene Frage bejaht, daß die Ausnahmebestimmungen des § 22a LUG. auch für das Urheberrecht des ausübenden Künstlers aus § 2 Abs. II LUG. gilt. Ein Argumentum a majore ad minorem spricht überzeugend für die hier vertretene Auffassung: der § 22a gilt unbestritten für das Urheberrecht des schaffenden Künstlers. Wird aber dessen vom Gesetzgeber weitgehend geschütztes Recht zugunsten eines Rechts der Allgemeinheit durchbrochen, um wieviel leichter muß auch das weniger geschützte Recht des ausübenden Künstlers zugunsten der Interessen der Allgemeinheit durchbrochen werden können!

Diesen Erwägungen entsprechend wäre demnach das Gesetz umzugestalten. Der § 22a LUG. erstreckt sich unter der Berücksichtigung der in diesen Zeilen vertretenen Neufassung des § 11 Abs. I LUG. bestimmt nicht mehr auf den Rundfunk. Daher muß eindeutig Klarheit geschaffen werden und dem Rundfunk die funkmäßige Wiedergabe von Schallplatten und ähnlichen mechanischen Vervielfältigungen sichergestellt werden. Das ist durch eine entsprechende Ergänzung des § 22a LUG. leicht zu erreichen. Es sei hier folgende Formulierung in Vorschlag gebracht:

§ 22a. Vorrichtungen, die auf Grund einer gemäß § 22 erteilten Erlaubnis hergestellt sind, dürfen mit der im § 22 Abs. I Satz 2 festgesetzten Beschränkung ohne eine weitere Erlaubnis zu öffentlichen Aufführungen und zur funkmäßigen Wiedergabe benutzt werden. Hat der Urheber ..... auszuzahlen. (Abs. II bleibt unverändert.)

Eine solche Regelung würde de lege ferenda im Ergebnis den Ausführungen Hoffmanns (Bl. f. Funkr. **1927**, **166**, Erwiderung auf Cahn-Speyer, a. a. O.) entsprechen, die hier nicht heranzuziehen sind, da von anderen Voraussetzungen (ein neuer § 11!) auszugehen war.

Diese Ausfühungen stehen in einem klaren Gegensatz zu der von Neugebauer (Arch. f. Funkr. **1928**, **311**; Funkrecht, III. Aufl., S. 878ff.) vertretenen Auffassung, nach der vom Moment des Inkrafttretens der RBUe (in der neuen Fassung der Romkonferenz) an ein Recht der einzelnen Staaten, die Verwendung rechtmäßig hergestellter Schallplatten zu Rundfunkkonzerten aus dem Art. 13 Abs. II RBUe zu gestatten, nicht mehr angenommen werden kann. Und zwar soll man nach Neugebauer die rundfunkmäßige Wiedergabe von Schallplatten nicht als Fall der exécution publique des Art. 13 Abs. I ansehen können, da durch den neuen Rundfunkartikel 11bis die funkmäßige Wiedergabe nicht unter einen der verschiedenen Verwertungsbegriffe — z. B. représentation, exécution — gebracht, sondern als besonderer Fall, als „communication au public“ geregelt sei. Daher könne nur noch die Meinung vertreten werden, daß der Konventionsbegriff der „exécution publique“ des Art. 13 nicht die rundfunkmäßige Verbreitung umfassen könne.

Folgt man dieser Auffassung, dann würde der Weg des § 22a LUG. für das deutsche Rechtsgebiet nicht mehr beschritten werden können, da der § 22a aus dem Art. 13 Abs. II RBUe abgeleitet worden ist. Die funkmäßige Verbreitung von Schallplattenwiedergaben könnte demnach nur noch nach Art. 11bis geregelt werden, würde daher grundsätzlich der Genehmigung des Autors unterliegen, wobei die einzelnen Staaten jedoch von der Möglichkeit des Art. 11bis Abs. II Gebrauch machen und eine besondere gesetzliche Lizenz zugunsten der Freiheit der Schallplattenkonzerte schaffen könnten, jedoch — abweichend von einer Lizenz aus Art. 13 Abs. II — nicht ohne gleichzeitige angemessene Entschädigung des Autors.

Gegen diesen Weg kann man nichts einwenden. Er gibt — daran kann ein Zweifel nicht bestehen — das wieder, was die Romkonferenz in der Frage der Schallplattenkonzerte im Rundfunk gewollt hat. Ich betone: gewollt! Dabei behaupte ich aber, daß eine eindeutige Klärung dieser Frage, eine Klärung, die eine andere Auffassung schlechtweg nicht zuließe, nicht erfolgt ist.

Es liegt mir fern, die von mir vertretene Auffassung, die sofort ausführlich entwickelt werden wird, als die richtige hinzustellen. Immerhin werde ich zu beweisen versuchen, daß diese Methode der Auslegung berechtigt und möglich ist.

Die Bedeutung der Schallplattenkonzerte für den Rundfunk und auch für die Allgemeinheit war oben schon gewürdigt worden. Dort hatten wir auch gesehen, daß weder der Autor noch der ausübende Künstler noch auch der Hersteller der Schallplatte irgendeine Einbuße ihrer Interessen zu erwarten haben, wenn die bisherige Praxis der deutschen Sendegesellschaften aufrechterhalten bleibt, d. h. wenn eine entschädigungslose Verwertung der Schallplatten auch zugunsten der Rundfunkkonzerte offen gehalten wird. Warum aber den Umweg, denn ein solcher ist es, über die gesetzliche Lizenz des Art. 11bis Abs. II wählen, wenn das zwischenstaatliche Recht den direkten Weg aus Art. 13 Abs. II nicht zwingend ausschließt!

Wir sehen zunächst vom Rundfunkartikel der RBUe völlig ab und betrachten die BUe in ihrer Gestalt vor der Romkonferenz. Der Art. 11 sicherte der öffentlichen Aufführung von Werken der Tonkunst den Schutz der Bestimmungen der Konvention. Der Grundgedanke war (ich halte mich hierbei fast wörtlich an Gedanken **Hoffmanns** für das Gebiet des deutschen Rechts, die sich analog übertragen lassen:

Bl. f. Funkr. **1927**, 166 unter II, 1) der, daß der als öffentliche Aufführung bezeichnete öffentliche Vortrag von Tonkunstwerken nicht freigegeben werden konnte, weil hierdurch das Werk in der Weise wiedergegeben würde, wie es seiner Natur nach von der Allgemeinheit aufgenommen werden will. Dagegen hatte die BUe in Art. 13 Abs. II für die nationalen Gesetzgebungen die Möglichkeit offengehalten, die öffentliche Aufführung im Inland als zulässig zu bezeichnen, wenn sie vermittels Vorrichtungen für mechanische Musikinstrumente geschah. Denn hierbei waren die wirtschaftlichen Interessen des Urhebers dadurch gewahrt, daß er die angemessene Vergütung erhalten hatte. Er war hierdurch nach Ansicht des Gesetzgebers auch hinsichtlich seiner Aufführungsrechte seines durch die Grammophonplatte fixierten Werkes abgefunden, und daher mußte es unbeachtlich erscheinen, wie viele Aufführungen mit wieviel Zuhörern vermittels dieser Platten erzielt werden.

Bis hierher bestehen nicht die geringsten Zweifel. Jetzt gilt es aber, die durch die Romkonferenz neugeschaffene Rundfunkbestimmung des Art. 11bis in diesem Zusammenhang zu betrachten. Unbestritten, daß der Wortlaut dieses Art. 11bis (communication au public par la radiodiffusion) von dem des Art. 13 (exécution publique) erheblich abweicht. Dagegen besteht sachlich gar kein Unterschied, wie wir sofort beweisen werden. Der Art. 11bis der RBUe knüpft in seinem Abs. I an den Art. 11 der bisherigen Fassung der BUe an und sichert dem Urheber grundsätzlich (Abs. I!) das ausschließliche Recht der funkmäßigen Wiedergabe. Es handelt sich insoweit also lediglich um eine Erweiterung der Grundsätze des bisherigen Art. 11 BUe auf die neuentstandenen Rundfunkverhältnisse. Daher müßte das unterschiedliche Verhältnis, das wir zwischen den Art. 11 und 13 Abs. II RBUe soeben betrachtet hatten, auch für den neuen Rundfunkartikel, den Art. 11bis, maßgebend sein. Deutlicher: die funkmäßige Wiedergabe eines Werkes der Tonkunst dürfte aus den gleichen Gründen nicht freigegeben werden, wie dies bei den Werken des Art. 11 BUe gekennzeichnet worden war. Der Art. 13 Abs. II BUe müßte daher zum Art. 11bis RBUe im gleichen Verhältnis stehen wie dies im Verhältnis der Art. 11 und 13 Abs. II zueinander der Fall war. D e m i s t n i c h t s o. In Bern hat man für den Art. 11bis RBUe ein Recht der Allgemeinheit anerkannt und den nationalen Gesetzgebungen durch den Abs. II eine Durchbrechung des ausschließlichen Urheberrechts unter gewissen Kautelen für die Urheber ermöglicht. Damit sind für das Gebiet des Rundfunkurheberrechts neue Wege beschritten, die denn auch ein Teil der öffentlichen Meinung aufs schärfste angegriffen hat. Es genügt, hier nochmals an G o l d b a u m zu erinnern. Es steht aber fest, daß der neue Weg beschritten worden ist, daß das Recht der Allgemeinheit gerade für das Gebiet des Rundfunkrechtes dem ausschließlichen Urheberrecht gegenüber weithin in den Vordergrund getreten ist. Daher darf man den Delegierten in Rom stillschweigend die Absicht unterstellen, daß sie durch ihre Fassung des Art. 11bis RBUe dem Recht der Allgemeinheit auf dem Gebiet des Rundfunkurheberrechts zur allgemeinen Anerkennung verhelfen wollen, soweit die nationalen Gesetzgebungen gesonnen sind, von dieser Möglichkeit Gebrauch zu machen. Handelte es sich doch bei der Schaffung dieses Rundfunkartikels darum, Grundlinien aufzustellen, die den nationalen Gesetzgebungen und Rechtsprechungen Wege weisen sollten. Der Art. 11bis wollte nie vollständig sein. Das geht aus den Vorschlägen der italienischen Regierung und des Internationalen Büros zum Schutze der Werke der Literatur und Kunst (S. 18, abgedruckt auch Bl. f. Funkr. **1927**, 50) klar hervor und ist durch das weitere amtliche Material der Romkonferenz nirgends entkräftet worden[34]. Nun würde es aber diesen Grundlinien, die beim Funkurheberrecht das Recht der Allgemeinheit in klarem Umfang anerkennen, durchaus widersprechen, wenn man die Freiheit der Schallplattenkonzerte nach Art. 13 für die Zukunft negieren wollte, weil der Art. 13 einen anderen Wortlaut hat als der Art. 11bis, weil die „communication au public par la radiodiffusion“ etwas ganz anderes sei als die „exécution publique“. Selbst der Umweg über die gesetzliche Lizenz des Art. 11bis Abs. II RBUe würde das Recht der Allgemeinheit dem Recht anderer gegenüber zurücksetzen; denn dann wäre nur eine Freiheit der Schallplattenkonzerte unter einer besonderen finanziellen Belastung des Rundfunks möglich.

Wir rekapitulieren:

Durch den Art. 11bis Abs. II wird der Rundfunk begünstigt, wird das Recht der Allgemeinheit anerkannt. Der Wiedergabe durch den Rundfunk gegenüber besteht die Möglichkeit, durch die Gesetzgebung der Verbandsstaaten Einwendungen der Autoren abzuschneiden, die der bloßen öffentlichen Aufführung entgegengestellt werden können.

Die öffentliche Aufführung vermittels Vorrichtungen für mechanische Musikinstrumente wird jedoch demgegenüber von einer Genehmigung und Entschädigung des Urhebers nicht abhängig gemacht. Der Rundfunk aber, der durch den Art. 11bis Abs. II eine Sonderstellung genießt, soll in diesem Punkte schlechter gestellt, das Recht der Allgemeinheit auf Kosten des Autorenrechts benachteiligt werden, obwohl die Urheber auch hier — genau wie bei der Aufführung vermittels Vorrichtungen

[34] „La Convention doit bien, semble-t-il, contenir un texte qui tienne compte de ce nouveau mode de diffusion, mais on ne voit pas pourquoi et comment elle répondrait à toutes les questions qui se posent lorsqu'il s'agit d'appliquer les lois internes; il suffit qu'elle énonce le principe en vertu duquel l'auteur possède un droit exclusif sur une telle utilisation de son œuvre, comme elle l'a fait pour l'adaption des œuvres musicales aux instruments mécaniques (art. 13) et à la reproduction par la cinématographie.“

für die mechanische Musikinstrumente schlechthin — bereits entschädigt sind und keinerlei Nachteile zu befürchten haben! Hier soll eine Entschädigung der Autoren unumgänglich sein? Wo bleibt die Logik? Muß sie diesem Kompromiß nicht widersprechen?

Die Rundfunkgesellschaften aller Länder werden sich dieser freilich dem Willen der Romkonferenz entsprechenden Auslegung zu widersetzen haben bis zum Äußersten. Hier steht das Recht des Rundfunks und mit ihm das Recht der Allgemeinheit auf dem Spiel. Hier soll eine ganz und gar ungerechtfertigte finanzielle Belastung des Rundfunks, eine ganz und gar ungerechtfertigte finanzielle Besserstellung der Autoren durch zwischenstaatliches Recht geschaffen werden. Geschaffen nicht auf Grund einer klaren gesetzlichen Bestimmung, vielmehr auf Grund einer Auslegung, einer Verschiedenheit der Worte „communication au public par la radiodiffusion“ und „exécution publique“.

Diese Verschiedenheit kann allein nicht ausschlaggebend sein. Wenn sich das Berner Konventionsrecht bei dieser Auslegung sachlich derart widerspricht, wenn die Konstruktion dieses neuen Autorenrechts so wenig von logischen Gesichtspunkten geleitet ist, dann darf der Verschiedenheit der Ausdrücke ein derart entscheidender Wert nicht beigemessen werden, wie das heute tatsächlich geschieht. Es galt, bei der Fixierung des Art. 11bis das Wesen der funkmäßigen Wiedergabe zu bestimmen. Man hat dabei einen neuen Ausdruck geschaffen und damit zeigen wollen, daß es sich bei der funkmäßigen Wiedergabe um etwas von der Aufführung, von dem Vortrag usw. verschiedenes handelt. Der Nachdruck liegt nicht auf dem Wort, sondern auf der Kennzeichnung der Besonderheit der Verhältnisse beim Rundfunk. Die im Art. 11bis niedergelegte Fassung „communication au public par la radiodiffusion“ ist gerade auch in der deutschen funkrechtlichen Literatur lebhaft angegriffen worden: es seien nur Neugebauer, Arch. f. Funkr. **1928**, 297 und Willy Hoffmann, Arch. f. Funkr. **1929**, 261, genannt. Dieser Wortlaut ist eine glatte Kompromißlösung. Hier steht das Wort und mit ihm freilich der Wille der Mehrheit der Romkonferenz gegenüber dem Aufbau und logischen Entwicklung der Konvention zu diesen Fragen. Hier führt der eine Weg zur Beibehaltung der Freiheit der Schallplattenkonzerte für den Rundfunk, der andere zu einer Beschränkung dieses wichtigen Rechts der Allgemeinheit. Soll sich der Rundfunk kampflos geschlagen geben? Soll er nicht versuchen, in der nationalen Gesetzgebung den Weg durchzusetzen, der nicht unmöglich und ihm günstig ist? Es würde eine schwere Einschränkung des Rechts der Allgemeinheit und eine durchaus ungerechtfertigte Stärkung des Rechts der Einzelnen bedeuten, wollte man diesen Einzelnen, die durch die funkmäßige Wiedergabe einer Schallplatte keinen größeren Nachteil erleiden als durch die rein grammophonmäßige Wiedergabe in der Öffentlichkeit, deren wirtschaftliche Interessen in diesem Falle durch eine angemessene Vergütung bei der Herstellung der Schallplatte bereits gewahrt sind, ein Recht garantieren, das dem klaren Gedankengang der RBUe in Sachen des Funkurheberrechts widerspricht und das einem gerechten Interessenausgleich keineswegs entsprechen könnte.

VII.

§ 21. Inwieweit ist durch die legislatorischen Vorschläge eine weitere Abänderung des Literaturhebergesetzes bedingt?

Die bisher vorgeschlagenen Änderungen und Ergänzungen des Literaturhebergesetzes machen eine Neugestaltung auch des vierten Abschnittes des LUG. (Rechtsverletzungen) erforderlich.

Eine entsprechende Ergänzung der §§ 36, 38, 41 und 51 LUG. würde, was keiner weiteren Erläuterung bedarf, notwendig. Nicht berührt würde dagegen der § 37 LUG., da ja die funkmäßige Wiedergabe weder öffentliche Aufführung noch öffentlicher Vortrag, sondern eben zu einer den anderen im § 11 LUG. genannten Befugnissen durchaus gleichwertigen und selbständigen geworden ist.

Goldbaum (Kommentar zum Urheberrecht S. 214 unter IV) weist auf die ungeklärte Frage des Rechtsschutzes in Hinsicht auf die Zwangslizenz des Schallplattenrechts hin. Tatsächlich müssen sich hier Zweifelsfragen ergeben, da die §§ 36, 37 LUG. auf die „ausschließliche Befugnis" abstellen, es aber im Falle einer gesetzlichen Lizenz fraglich sein muß, ob man bzw. wieweit man noch von einer ausschließlichen Befugnis sprechen kann.

Bei der in dieser Abhandlung vorgeschlagenen Neufassung des § 11 und der Einfügung eines § 11a (gesetzliche Lizenz zugunsten des Rundfunks) liegen aber die Verhältnisse durchaus anders als bei den Bestimmungen der §§ 22ff. LUG., die Goldbaum ja hier im Auge hat. Streitfragen könnten sich in unserem Falle der gesetzlichen Lizenz zugunsten des Rundfunks nicht ergeben, da die ausdrückliche Befugnis des Urhebers zur funkmäßigen Wiedergabe gesetzlich fixiert ist und die gesetzliche Lizenz nur unter festbestimmten den Urheber schützenden Voraussetzungen wirksam wird. Beachtet die Sendegesellschaft die genannten Voraussetzungen, dann bedarf es keines Schutzes des Urhebers. Für eintretende Streitigkeiten wäre das Schiedsgericht zuständig. Nur im Falle einer (vorsätzlichen oder fahrlässigen) Nichtbeachtung der Bestimmungen des § 11a (andere Fälle wären ja infolge des Funkhoheitsrechts des Reiches nicht denkbar, da die gesetzliche Lizenz nur zugunsten der offiziellen Sendegesellschaften gilt) würde die ausschließliche Befugnis des Urhebers zur funkmäßigen Wiedergabe verletzt sein.

Schon heute, wo die Rechtsprechung dem Urheber die funkmäßige Wiedergabe seines Werkes als Verbreitung bzw. als öffentliche Aufführung vorbehält, würden die Bestimmungen der §§ 36ff. LUG. dem Urheber unzweifelhaft zur Verfügung stehen.

Normiert man nun aber die funkmäßige Wiedergabe als selbständige Befugnis des Urhebers, dann muß auch in den Bestimmungen über Rechtsverletzungen die neue ausschließliche Befugnis aufgenommen werden. Verbreitung und öffentliche Aufführung, die bisher Schutz gewährten, liegen ja dann nicht mehr vor.

Der neue § 11a LUG. dagegen bedingt als solcher keinerlei Änderungen des vierten Abschnittes. Denn dieser § 11a bedeutet nur eine Durchbrechung des Grundsatzes der ausschließlichen Befugnis des Urhebers, sein Werk funkmäßig wiederzugeben, eine Durchbrechung unter festbestimmten Voraussetzungen allerdings, deren Beachtung den Rundfunkgesellschaften einen Eingriff in die ausschließlichen Befugnisse des Urhebers zugunsten eines Rechts der Allgemeinheit ermöglicht.

Im einzelnen würde folgende Änderung der § 36ff. LUG. allen Bedürfnissen genügen:

§ 36. Wer ..... vervielfältigt, gewerbsmäßig verbreitet, funkmäßig wiedergibt oder den wesentlichen Inhalt .....

§ 38. ..... wird bestraft:

1. wer in anderen ..... vervielfältigt, gewerbsmäßig verbreitet oder funkmäßig wiedergibt;

2. (bleibt unverändert).

§ 41. ..... nur zu einem Teil vervielfältigt, verbreitet, funkmäßig wiedergegeben, öffentlich mitgeteilt .....

§ 51. ..... wegen widerrechtlicher Verbreitung, Aufführung oder funkmäßiger Wiedergabe sowie wegen .....

C. Weitere privatrechtliche Fragen.

I. Schutz gegen gewerbliche Verwertung der Sendung durch Dritte.

§ 22. Allgemeines.

Das Recht der Allgemeinheit, das nach Anerkennung strebt, gebietet eine Einschränkung der Autorenrechte zugunsten des Rundfunks, der als wesentlicher Kulturfaktor unserer Zeit berufen ist, dieses Recht der Allgemeinheit zu vertreten. Davon hatten wir oben ausführlich gesprochen. — Das gleiche Recht der Allgemeinheit fordert, daß dem Betriebe des Rundfunks alle störenden Elemente aus dem Wege geräumt werden, soweit damit nicht berechtigte Interessen anderer ungebührlich verletzt werden. Ja, dieses Recht der Allgemeinheit kann eine möglichst weitgehende Stärkung und Sicherung der Lage des Rundfunks verlangen. Je mehr diese Forderung erfüllt ist, um so mehr auch wird der Rundfunk imstande sein, seinen ideellen Verpflichtungen in jeder Weise nachzukommen.

Diese Gedanken sind auch dem vorliegenden Kapitel an die Spitze zu stellen. Wir werden zu untersuchen haben, ob die heutige Rechtslage dem Rundfunk einen genügenden Schutz gegenüber einer Ausbeutung seiner Sendungen gewährt und gegebenenfalls Vorschläge de lege ferenda zu einer Besserung seiner Lage ausbeutenden Dritten gegenüber zu machen haben. Es darf nicht verkannt werden, daß der Rundfunk in Hinsicht auf die Verfügung über die von ihm gebotenen Sendungen in jeder Hinsicht gesichert sein muß. Zum Beleg dafür genügt es durchaus, an zwei Punkte anzuknüpfen, die uns in früheren Kapiteln bereits beschäftigt hatten: einmal an die im Zusammenhang mit der gesetzlichen Lizenz aufzuwerfende Frage, ob der Urheber, der unter gewissen Voraussetzungen sein Werk dem Rundfunk zur Verfügung stellen muß, dadurch keine weitergehende Schädigung erleidet; zum anderen an die Frage eines urheberrechtlichen Schutzes der ausübenden Künstler, der verneint worden war.

Bei der gesetzlichen Lizenz war, wie darzulegen versucht wurde, eine Schädigung des Urhebers durch die funkmäßige Wiedergabe als solche nicht zu befürchten; nicht mehr aufrechtzuerhalten aber ist diese Behauptung, wenn die Sendegesellschaft gegen eine weitere Verwertung ihrer Sendung nicht geschützt ist; durch eine gewerbliche Ausnutzung der Rundfunksendung wäre für den Urheber des Werkes gegebenenfalls eine Schädigung seiner Interessen zu befürchten, die nur in einem Teil der Fälle durch besondere Ansprüche des Urhebers dem die Sendung ausnutzenden Dritten gegenüber zu beseitigen wäre. Es muß als Grundsatz festgehalten werden, daß der Urheber, der vom Gesetzgeber gezwungen werden soll, seine Werke dem Rundfunk und damit der Allgemeinheit zur Verfügung zu stellen, sicher gehen muß, daß es sich nur um eine Verwertung für den Rundfunk und die Interessen der Allgemeinheit, nicht aber möglicherweise um eine Weiterverwertung durch irgendwelche Dritte handeln kann.

Bei der Frage des Urheberschutzes der ausübenden Künstler hatten wir gesehen, daß der Urheberschutz als solcher zu verneinen war, nicht aber ein weitergehender anders beschaffender Rechtsschutz. (Ob es sich dabei um einen selbständigen Rechtsschutz des ausübenden Künstlers oder um einen indirekten Schutz durch die Sendegesellschaft handelt, braucht uns hier noch nicht zu interessieren.) Auf jeden Fall ist diesem Rechtsschutz Rechnung zu tragen. Ob die heutige Rechtslage dem gewünschten Zustand entspricht, werden wir zu prüfen haben. Die Gefahren eines ungenügenden Schutzes liegen auch hier auf der

Hand: Weigerung (oder zumindesten verstärkter Widerstand) der ausübenden Künstler zur Mitwirkung im Rundfunk.

Das Recht der Allgemeinheit steht also auch hier im Mittelpunkt unserer Betrachtungen.

Die folgenden Untersuchungen werden dabei zunächst diese Fragen des Rechtsschutzes des Urhebers und des ausübenden Künstlers außer acht zu lassen haben. Es soll sich im folgenden nur um die Erörterung der Frage handeln, ob die Sendung der Sendegesellschaften gegen den Willen des Sendenden gewerblich verwertet werden kann oder ob der derzeitige Rechtszustand einen genügenden Rechtsschutz gewährt. Erst dann (gegebenenfalls auch erst nach einem Vorschlag de lege ferenda) wird das Resultat dieser Untersuchungen auch im Hinblick auf die rechtlichen Beziehungen zwischen der Sendegesellschaft und dem Urheber des Werkes bzw. dem ausübenden Künstler zu verwerten sein.

§ 23. Das ausländische Recht.

Hoffmann (Bl. f. Funkr. **1927**, 72) bringt einen kurzen Überblick über das ausländische Recht und stellt seinen Ausführungen an die Spitze, daß die Rechtslage im ausländischen Recht größtenteils nicht mit Sicherheit zu erkennen ist. Handelt es sich doch bei der Frage des Schutzes der Sendung gegen gewerbliche Ausnutzung durch Dritte fast durchweg um Auslegungsfragen, die mangels einer oberstgerichtlichen Rechtsprechung fast überall noch nicht einwandfrei geklärt sind.

Eine Reihe von Ländern kennt ein besonderes Wettbewerbsgesetz nicht; so Frankreich, England, USA., Holland.

In Frankreich wird ein entsprechender Schutz nur auf Grund des Art. 1382 Code civile auf dem Umweg über die actio de in rem verso gewährt. Saudemont: a. a. O., S. 206ff., weist darauf hin, daß diese und weitere Bereicherungsansprüche in der Praxis nicht genügen und fordert für Frankreich die Anerkennung eines Rechts an der Sendung.

Die gleiche nicht befriedigende Lösung treffen wir in England und USA.

In Holland kann man nur bei extensiver Auslegung des Gesetzes die Möglichkeit von Schadensersatzansprüchen bejahen.

Österreich und die Tschechoslowakei dagegen besitzen ein Gesetz gegen den unlauteren Wettbewerb:

das österreichische Bundesgesetz vom 26. September 1923 gegen den unlauteren Wettbewerb und

das tschechoslowakische Gesetz gegen den unlauteren Wettbewerb vom 15. Juli 1927.

Die Generalklausel dieser Gesetze, von denen die österreichische (§ 1 a. a. O.) wörtlich mit dem § 1 des deutschen Gesetzes übereinstimmt, bieten jedoch dem

Rundfunk einen genügenden Schutz heute noch nicht. Für Österreich gelten bei der gleichen Fassung und der annähernd gleichen Auslegung der Generalklausel die gleichen Bedenken, auf die wir weiter unten bei der Frage der Generalklausel des deutschen Gesetzes treffen werden.

Ebensowenig kann daneben der Schutz des § 1295 Abs. II ABGB., der einen Schadensersatzanspruch anerkennt, wenn in sittenwidriger Weise vorsätzlich Schaden zugefügt worden ist, den umfassenden Rechtsschutz gewähren, den der Rundfunk braucht.

Urteile des Obersten Gerichtshofes zu diesen Fragen liegen nicht vor. Urteile anderer Gerichte sind zumindest nicht bekannt geworden, so daß es nicht möglich ist, anzugeben, wie weit der Rechtsschutz de lege lata ausgedehnt ist. Auf keinen Fall aber dürfte dieser Rechtsschutz heute in Österreich weitgehender sein als er heute für das Gebiet des deutschen Rechts anzuerkennen ist. Daß dieser Schutz aber ungenügend ist, werden wir im nächsten Paragraphen feststellen können.

Die Fassung der Generalklausel des Gesetzes der

Tschechoslowakei

weicht im Wortlaut beträchtlich von der deutschen Generalklausel ab[35], ohne sachlich wesentlich andere Gesichtspunkte zu bringen, wenn man von der anders zum Ausdruck gebrachten „Sittenwidrigkeit“ und den anderen Voraussetzungen des Ersatzanspruchs absieht. Ein umfassender Schutz de lege lata ist auch in der Tschechoslowakei dem Rundfunk heute noch nicht gewährt.

Der Tatbestand des Wettbewerbsgesetzes in

Norwegen

fordert stets eine Wettbewerbsabsicht. Daran aber wird der Schutz der Sendegesellschaften in der Mehrzahl der Fälle zunichte werden.

Ungarn

kannte nach der alten Verordnung (so bei Hoffmann) in Art. 57 Ziff. 4 eine Bestimmung, die die gewerbliche Ausnutzung der Sendung unter Strafe stellte, ohne der geschädigten Sendegesellschaft einen Schadensersatzanspruch zu gewähren. Die neue Funkverordnung des Handelsministers vom 5. April 1927 hat in Abs. II des § 13 die Bestimmung, daß die Sendungen „an alle“, d. h. Musik, Gesang, Vorträge, unterhaltende oder belehrende Darbietungen von jedem Besitzer eines Empfangsapparates empfangen werden können. „Es ist jedoch verboten, diese Sendungen ohne Erlaubnis gewerblich zu verwerten.“ Die diesbezügliche Strafbestimmung findet sich unter § 68 Ziff. 4: „Wer zu gewerblichen Zwecken Mitteilungen ‚an alle‘ weitergibt oder von ihnen Gebrauch macht, wird mit einer Gefängnisstrafe von 2 Monaten und einer Geldstrafe von 20—240 Pengö bestraft“ (Text der Verordnung in Arch. f. Funkr. **1928**, 547ff.). Auch heute besteht also in Ungarn keine Möglichkeit für die geschädigte Gesellschaft, Schadensersatz zu verlangen.

Ähnlich ist die Lage in

Lettland.

Auch hier handelt es sich um reine Strafbestimmungen. Auf Grund des § 3 des „Gesetzes über Einrichtung und Nutzung von Radiostationen“ vom 4. Juni

---

[35] § 1 des tschechoslowakischen Gesetzes vom 15. Juli 1927 (in der amtlichen Übersetzung): „Wer im wirtschaftlichen Verkehr durch eine Handlung, die einen Mitbewerber zu schädigen geeignet ist, mit den guten Sitten des Wettbewerbs in Widerspruch gerät, kann auf Unterlassung einer solchen Handlung und auf Beseitigung des von ihm verursachten anstößigen Zustands, wenn er jedoch wußte oder wissen mußte, daß seine Handlung einen Mitbewerber zu schädigen geeignet ist, auch auf Ersatz des dadurch verursachten Schadens verklagt werden.“

1923 sind am 22. Oktober 1927 „Bestimmungen über Radioempfangseinrichtungen zwecks privater Information“ ergangen (abgedruckt Arch. f. Funkr. **1928**, 162ff.), deren § 8 folgenden Wortlaut hat:

§ 8. Desgleichen ist es verboten, ohne besondere Genehmigung des Post- und Telegraphendepartements die Informationen der lettländischen und ausländischen Radiostationen zur Weiterverbreitung auszunutzen.

Die zugehörige Strafbestimmung bringt § 11:

§ 11. Für Übertretung dieser Bestimmungen zieht das Post- und Telegraphendepartement die Schuldigen auf Grund des § 9 des Gesetzes vom 4. Juni 1923 zur Verantwortung.

Vgl. im einzelnen a. a. O.

Also auch hier kein umfassender Schutz der Sendegesellschaften!

In Italien kennt das mehrfach erwähnte Gesetz vom 14. Juni 1928 (betr. die Verbreitung künstlerischer Darbietungen durch den Rundfunk) ebenfalls eine besondere Bestimmung zugunsten des Rundfunks:

Art. 9. Den Rundfunkunternehmern und -hörern ist es verboten, von der Sendung zu irgendeinem anderen Zwecke, insbesondere zur Erzielung eines Gewinnes, Gebrauch zu machen.

Leider war es nicht möglich, festzustellen, ob dazu eine Ausführungsbestimmung, zu der der Verkehrsminister durch Art. 11 ermächtigt ist, ergangen ist, so daß die Folgen einer Übertretung des Art. 9 hier nicht angegeben werden können. Es ist aber als wahrscheinlich anzunehmen, daß es sich auch hier um eine reine Strafbestimmung handeln wird.

§ 24. Der heutige Rechtszustand in Deutschland. — Kritische Stellungnahme.

In der Literatur ist bisher die Frage des Schutzes der Sendegesellschaften gegen gewerbliche Ausbeutung ihrer Sendung durch Dritte zusammenfassend neben Neugebauer, 3. Aufl., S. 707ff., von drei Autoren behandelt worden, auf die im folgenden Bezug zu nehmen ist. Es handelt sich um folgende Aufsätze: Hoffmann, „Die gewerbliche Ausnutzung der Rundfunksendungen nach internem und internationalem Recht“ in Bl. f. Funkr. **1927**, 69ff. — Smoschewer, „Rundfunk und gewerblicher Rechtsschutz“ (Bericht für den Kongreß der Internationalen Vereinigung für gewerblichen Rechtsschutz, Rom, 29. Mai 1928) in GRUR. 1928, S. 317ff. — Bürgin, „Das Rechtsverhältnis des Rundfunkteilnehmers zur Sendegesellschaft unter besonderer Berücksichtigung der gewerbsmäßigen Verwertung der Sendung durch einen Unberechtigten“ in Arch. f. Funkr. **1929**, 157ff. — Eine flüchtige Übersicht ergibt hier bereits, daß genannte Autoren hinsichtlich der Rechtslage de lege lata durchaus nicht konform geben. Während Hoffmann einen ziemlich weitgehenden Schutz aus § 823 BGB. (und wohl auch § 826), § 1 UWG. anerkennt, baut Smoschewer nur auf den Bestimmungen über den unlauteren Wettbewerb auf. Bürgin dagegen glaubt mit Hilfe dieser Bestimmungen einen genügenden Schutz nicht erzielen zu können, gelangt aber letzten

Endes doch noch zu einem etwas überraschenden Schutz durch eine Verkoppelung der Tatbestände der §§ 826 und 687 BGB.

Mit diesen Fragen werden wir uns noch ausführlich zu beschäftigen haben.

Ich darf mich hier der Darstellung Neugebauers anschließen und die gewerbliche Verwertung der Leistungen der Sendegesellschaften auf dreierlei Weise als möglich betrachten (a. a. O., S. 708):

I. Benutzung der ausgesandten Wellen selbst
 1. durch unmittelbare Weiterleitung der aufgefangenen Schwingungen an Dritte:
  a) akustisch mit Lautsprechervorführungen für gewerbliche Zwecke: Funkhändler, Zeitungen, öffentliche Gaststätten,
  b) elektrisch, mit Draht- oder Funkanlagen: durch sog. Rebroadcasting, durch Weiterverwertung auf dem Drahtnetz, durch Rundfunkvermittlungsanlagen,
 2. durch mechanische Fixierung der aufgefangenen Schwingungen auf Platten, Walzen, Streifen, Filme zum Zwecke späterer mechanischer Wiedergabe. — Herstellung von Schallplatten, Filmen durch Rundfunk.
II. Verwertung der Tätigkeit des Rundfunks selbst durch Ausnutzung des im Rundfunk übermittelten Stoffes:
 1. durch Verwertung der Mitteilungsform — Verstoß gegen das Urheberrecht der Autoren der übermittelten Werke,
 2. durch Verwertung des sachlichen Inhalts des Übermittelten, z. B. Verwertung der im Rundfunk verbreiteten Tagesneuigkeiten.
III. Abdruck und sonstige Ausnutzung des Rundfunkprogramms.

Von diesen gezeigten Möglichkeiten haben zwei Fälle bisher die Gerichte beschäftigt. Es handelt sich einmal darum, daß von dritter Seite die funkmäßige Wiedergabe eines Boxkampfes durch den Berliner Sender auf Schallplatten fixiert wurde, zum anderen um die Frage des Schutzes der Rundfunkprogramme.

Bei der Fixierung der Sendung auf Schallplatten hat in erster Instanz das Landgericht I Berlin in einem Urteil vom 2. März 1928 (auszugsweise bei Smoschewer, a. a. O., S. 319) der Sendegesellschaft, ohne ihr ein Recht an der Sendung zuzubilligen, die Unterlassungsklage bejaht, indem es im Verhalten des Dritten unlauteren Wettbewerb erblickte (§§ 1, 13 UWG., ausführlicher a. a. O.). Das Kammergericht hat dieses Urteil in seinem Urteil vom 7. Juni 1928 (abgedruckt im Arch. f. Funkr. **1928**, 665ff.) aufrechterhalten, wenn auch die Begründung hier anders lautet.

Im zweiten Falle hat ebenfalls das Kammergericht in einem Urteil vom 12. April 1924 (abgedruckt in der JW. **1925**, 148) den Schutz der Rundfunkprogramme sowohl auf Grund des literarischen Urheberrechts als auch auf Grund des Gesetzes gegen den unlauteren Wettbewerb versagt (im einzelnen bei Smoschewer, a. a. O., S. 320, Ziff. 3).

Alle anderen oben bezeichneten Möglichkeiten sind bisher noch nicht rechtskräftig entschieden worden, so daß ein Anhaltspunkt an gerichtliche Entscheidungen nicht möglich ist.

Beschäftigen wir uns ausführlicher mit dem genannten Urteil des Kammergerichts in der Frage der Fixierung der Sendungen auf Schallplatten und verbinden wir damit die in der Literatur aufgezeichneten Betrachtungen:

Das Urteil des Kammergerichts geht davon aus, daß die Parteien in keinem Vertragsverhältnis zueinander stehen. Ein Mißbrauch der Empfangsanlage mache den Rundfunkteilnehmer grundsätzlich nur der Postverwaltung gegenüber verantwortlich. Es könne nicht ausdrücklich gesagt werden, daß der Teilnehmer nur zum Abhören berechtigt sei, und daß dementsprechend eine nutzbringende gewerbliche Verwertung der Empfangsanlage schlechthin ausgeschlossen sei. Wenn z. B. ein Gastwirt in seinen Geschäftsräumen einen Lautsprecher aufstelle, um so für den Besuch seiner Gastwirtschaft zu werben, so sei, wenn die vorgesehenen Gebühren bezahlt wären, dagegen nichts einzuwenden. Der Gewerbebetrieb der Sendegesellschaft werde hierdurch nicht beeinträchtigt. Auch fehle es an einer allgemeinen Grundlage dafür, daß die Sendegesellschaft durch eine einseitige Erklärung eine bestimmte Verwertung der Rundfunkmitteilungen untersagen könne, sofern nicht besondere Vorschriften — etwa solche urheberrechtlicher Natur — ein derartiges Verbietungsrecht gäben. Für den vorliegenden Fall bliebe der Tatbestand der §§ 826 BGB. und 1 UWG. zu berücksichtigen. Durch die schallplattenmäßige Aufnahme der Darbietungen seien die Interessen der Sendegesellschaft wesentlich beeinträchtigt, da ihre Darbietungen ohne geistige Arbeit und ohne wesentliche Kosten dauernd in anderen Besitz gekommen seien. Es wird Bezug genommen auf die bekannte Schallplattenentscheidung RGZ. 73/294ff. Für die Sittenwidrigkeit der Handlung spräche die Tatsache, daß die Sendegesellschaft im Falle einer Weiterverwertung der Sendung große Schwierigkeiten von seiten der ausübenden Künstler zu befürchten habe. Würde die Vervielfältigung und Verbreitung der angegriffenen Platten gestattet, so würde dies genügen, die Veranstalter ähnlicher Kämpfe, die sich beim Publikum großer Beliebtheit erfreuen, zu einer besonderen Zurückhaltung gegenüber den Sendegesellschaften zu veranlassen. Hiernach sei es auch unerheblich, ob die Sendegesellschaft selbst beabsichtige, ihre Darbietungen mittels Schallplatten festzuhalten. Nach alledem liege ein geschäftlicher Wettbewerb zwischen den Parteien vor; es handle sich in weitem Maße um „verwandte Leistungen". Der Klageanspruch sei somit aus § 1 UWG. und § 826 BGB. gerechtfertigt.

Dieses Urteil dürfte der heutigen Rechtslage entsprechen und im Prinzip durchaus befriedigen, da der unbedingt zu fordernde Schutz der

Sendegesellschaften im Wege einer vernünftigen Auslegung in einem gewissen Maße zumindesten erreicht ist. Es bleibt dabei zu beachten, daß der Klagantrag der Sendegesellschaft nur auf Unterlassung, nicht auf Schadenersatz ging. Bürgin (a. a. O., S. 171) glaubt dies damit begründen zu sollen, daß die Sendegesellschaft deshalb nicht auf Schadenersatz geklagt habe, weil sie den Tatbestand des § 826 BGB. nicht vollständig habe beweisen können, da sie nicht bewiesen habe, daß ihr durch die sittenwidrige Handlung des Beklagten Schaden zugefügt worden sei; vielmehr sei nur bewiesen worden, daß Schaden zu befürchten sei. Daraus folgert Bürgin, daß ein Unterlassungsanspruch in diesem Falle nicht zu gewähren sei, daß das Gericht höchstens, im Gegensatz zu den Kommentaren, mit Hilfe der von v. Tuhr vorgeschlagenen Auslegung des § 826 BGB. zu diesem Urteil hätte kommen können (im einzelnen a. a. O., S. 171f.). Nicht für erfüllt hält Bürgin den Tatbestand des § 1 UWG. (wobei wir darauf zurückkommen werden, ob er hierbei im Rechte ist). Daran krankt aber die ganze Argumentierung Bürgins im Hinblick auf das Kammergerichtsurteil. Das Kammergericht hat sowohl den § 1 UWG. als den § 826 BGB. als gegeben angenommen; nach § 1 UWG. konnte auf Unterlassung und auf Schadenersatz geklagt werden. Der Kläger hatte nur die Unterlassungsklage geltend gemacht; dieser wurde stattgegeben. Meines Erachtens hätte das Kammergericht in konsequenter Durchführung seiner Darlegungen auch der Schadenersatzklage entsprechen müssen, wenn ein entsprechender Antrag gestellt worden wäre. Bürgin unterstellt also dem Kammergericht bei der von ihm geübten Würdigung des Urteils seine eigene Auffassung, die nur auf § 826 BGB. aufbauen will. Deshalb scheint das, was Bürgin zu diesem Urteil sagt, nicht frei von Bedenken.

Wir hatten festgestellt: das Kammergericht, das den Tatbestand sowohl des § 826 BGB. als des § 1 UWG. als erfüllt ansah, hätte gegebenenfalls auch auf Schadenersatz erkennen müssen (wenn der Kläger dies beantragt hätte). Danach also wäre den Sendegesellschaften ein hinreichender Schutz de lege lata gegeben. Hier aber muß die Kritik einsetzen. Es erscheint reichlich gewagt, den § 1 UWG hier heranzuziehen. Und in diesem Punkte möchte ich mich Bürgin (a. a. O., S. 165ff.) gegen Hoffmann (a. a. O., S. 70f.) anschließen.

Der Tatbestand des § 1 UWG. erfordert als objektives Moment ein Wettbewerbsverhältnis und Wettbewerbshandlungen, die gegen Treu und Glauben verstoßen. Als subjektives Moment verlangt der Tatbestand des unlauteren Wettbewerbs die Wettbewerbsabsicht.

Im speziellen vom Kammergericht behandelten Falle sind alle Erfordernisse bejaht worden. Bürgin dagegen verneint das Vorliegen eines Wettbewerbsverhältnisses. Wollte man, wie dies neben dem Kammergericht auch Hoffmann tut, zur Bejahung eines

Wettbewerbsverhältnisses gelangen, dann müßte man annehmen, irgendwelche Rundfunkteilnehmer könnten von der Erwerbung einer Rundfunkgenehmigung abgehalten werden dadurch, daß sie die Möglichkeit haben, auf Schallplatten fixierte Sendungen zu kaufen. Das erscheint ganz unglaubwürdig, da das Rundfunkprogramm weit größere Möglichkeiten für den Hörer bietet als ein Kauf von einzelnen Schallplatten. Wenn man zudem die Kosten dieser Schallplatten mit den Kosten der Rundfunkempfangsberechtigung vergleicht, scheint das Bestehen eines Wettbewerbsverhältnisses zwischen Sendegesellschaft und dem auf Schallplatten die Sendung fixierenden Dritten nicht wahrscheinlich. Das Landgericht I Berlin als erste Instanz hat dem gegenüber (was Bürgin scheinbar übersieht) darauf hingewiesen, daß es sich nicht unbedingt um ein Wettbewerbsverhältnis zwischen diesen beiden Teilen handeln müsse: vielmehr liege hier ein Wettbewerb vor zwischen anderen Fabrikanten entsprechender Schallplatten und dem die Sendung fixierenden Fabrikanten. Das Kammergericht als höhere Instanz kommt in seinem Urteil zum gleichen Resultat, rügt aber die Begründung des angefochtenen Urteils, die nicht bedenkenfrei erscheine. Aus der Begründung des Kammergerichtsurteils ergibt es sich nun nicht, ob gerade dieser Punkt unter die angezweifelten Teile der Entscheidung gehört oder nicht; aufrechterhalten ist er im Urteil des Kammergerichts zumindesten nicht ausdrücklich, so daß man, wie es Bürgin annimmt, vermuten darf, daß das Kammergericht ein Wettbewerbsverhältnis direkt zwischen Sendegesellschaft und fixierendem Dritten als vorhanden ansieht. Das aber mußte, wie wir ausgeführt haben, angezweifelt werden.

Als Fazit des Urteils des Kammergerichts bleibt also, daß dieses Urteil zwar dem Rechtsempfinden durchaus entspricht, daß aber die Begründung nicht derartig stichhaltig erscheint, daß an diesem Urteil nicht zu rütteln wäre.

Wir wollen uns mit dieser Frage, die zudem schon einen recht breiten Raum einnimmt, nicht weiter beschäftigen und verweisen nochmals auf die angeführte Literatur. In den weiteren Ausführungen werden wir sehen, daß der vom Kammergericht zugebilligte Rechtsschutz den Bedürfnissen des Rundfunks nicht genügt, selbst wenn man sich voll und ganz den Argumenten des Kammergerichts anschließen wollte.

Das Urteil des Kammergerichts enthält nebenbei die Feststellung (die wir bei der Inhaltsangabe dieses Urteils schon erwähnt hatten), daß ein derzeitiger Schutz gegenüber einer gewerblichen Verwertung durch Gastwirte nicht gegeben ist. Hoffmann (a. a. O., S. 71) ist zwar grundsätzlich anderer Meinung. In der Praxis aber scheint ein Schutz in diesem Punkte nicht gewährt zu werden.

Weiterhin hatten wir schon festgestellt, daß die gerichtliche Praxis einen Schutz der Rundfunkprogramme nicht anerkennt.

Noch klarer wird die Situation, wenn wir davon ausgehen, daß das heutige Recht die Sendegesellschaften nicht schützen würde, wenn es sich um eine gewerbliche Verwertung dergestalt handelt, daß die Sendung auf dem Drahtwege an irgendwelche Abonnenten weitergegeben wird. Bürgin (a. a. O., S. 167) weist darauf hin, daß hier der § 1 UWG. nicht anwendbar ist, da hier ein Wettbewerbsverhältnis zweifelsohne nicht vorliegt. Tatsächlich sind diese Abonnenten Mitbenutzer der Anlage desjenigen, der die Rundfunksendungen durch die Übermittlungen gewerblich verwertet; da auch sie gemäß § 9 der Bekanntmachung über den Unterhaltungsrundfunk eine Rundfunkgenehmigung erwerben müssen, liegt eine Entziehung von Gebühren zumindestens für das Gebiet des deutschen Rechts nicht vor, so daß unmöglich ein Wettbewerbsverhältnis in diesem Vorgehen erblickt werden kann. Es erscheint deshalb fraglich, ob nach deutschem Recht ein wirksamer Schutz bestehen würde, wenn entsprechende Fälle auftauchten, wie sie Tabouis in Bl. f. Funkr. 1927, 152 unter Ziff. 1 genannt hat. — Ob in diesem Falle ein wirksamer Rechtsschutz aus § 823 BGB. abzuleiten wäre, bleibt ebenfalls mehr als ungewiß, da nach der Rechtsprechung des Reichsgerichts (Kommentar der Reichsgerichtsräte § 823, RGZ. 79/226; 92/137) das Recht auf freie Erwerbstätigkeit durch den § 823 nicht geschützt ist, d. h., daß eine Verletzung des Rechts am eingerichteten und ausgeübten Gewerbebetrieb nur dann angenommen werden kann, wenn sich der Eingriff unmittelbar gegen den Bestand des Gewerbebetriebes richtet, sei es, daß die Betriebshandlungen tatsächlich gehindert werden, oder daß seine rechtliche Zulässigkeit verneint und seine Schließung oder Einschränkung verlangt wird. — Ob schließlich § 826 BGB. herangezogen werden könnte, bleibt gleichfalls fraglich, da wohl eine gegen die guten Sitten verstoßende Handlung vorliegt, die Schadenszufügung aber nur schwer zu beweisen sein wird, da ja die Gesellschaft als solche keinen unmittelbaren Schaden erleidet, sondern (wie wir gesehen haben) ihre Gebühren erhält.

Ob weiterhin de lege lata ein gewerblicher Rechtsschutz gegen die gewerbliche Ausbeutung der vom Rundfunk verbreiteten tatsächlichen Nachrichten besteht, scheint ebenfalls mehr als fraglich (vgl. dazu Smoschewer, a. a. O., S. 320).

Bürgin (a. a. O., S. 172f.) hat nun die Behauptung aufgestellt, daß durch eine Verkoppelung der Tatbestände der §§ 826 und 687 BGB. ein wirksamer Schutz der Sendung zugunsten der Sendegesellschaft de lege lata gegeben sei. Nach Bürgin (ausführlich siehe a. a. O.) hat die Sendegesellschaft damit „das Recht, eine Verwendung ihrer Sendung zu Erwerbszwecken zu verwehren, soweit eine solche eine absichtlich schädigende, gegen Treu und Glauben verstoßende Handlung darstellt". Es würde uns zu weit führen, hier eine Auseinandersetzung mit Bürgin herbeizuführen. Ich möchte es jedoch bezweifeln, daß der dort in Vorschlag gebrachte Weg die Anerkennung der Gerichte, besonders die des Reichsgerichts, erringen wird. Abgesehen davon gibt aber auch dieser Weg durchaus nicht den umfassenden Schutz, der erforderlich erscheint. Folgt man den Ausführungen Bürgins, so ergibt es sich, daß es mehr als offen bleiben muß, ob ein Schutz gegen akustische Verwertung durch Lautsprecher seitens der öffentlichen Gaststätten und seitens der Funkhändler besteht, da man zumindesten streiten kann, ob es sich hier um eine absichtliche Schädigung, ob es sich um eine gegen Treu und Glauben verstoßende Handlung handeln würde; ebenso würde die Lage im Falle der Weiterverwertung durch Rundfunkvermittlungsanlagen sein, da ja hier, wie wir gesehen hatten, eine Schädigung der Sendegesellschaft gar nicht vorliegt, die ja im deutschen Rechtsgebiet die Gebühren auch von den Teilnehmern der Vermittlungsstelle erhält. Das mag genügen, um zu zeigen, daß der von Bürgin vorgeschlagene Weg praktisch durchaus nicht zu anderen Resultaten führt als sie von der deutschen Rechtsprechung heute schon anerkannt sind. Bürgin bekämpft die Argumente der heutigen Rechtsprechung, insbesondere die Anwendung der Generalklausel des Unlauteren-Wettbewerb-Gesetz. Er weist andere Wege. Einen umfassenden Schutz schafft er nicht.

Diese Darlegungen können genügen. Sie erbringen den Beweis, daß die Sendegesellschaften der gewerblichen Verwertung ihrer Sendungen gegenüber nach geltendem Recht in Deutschland einen umfassenden und sicheren Schutz nicht genießen. Es bleibt nun zu prüfen, ob im Interesse des Rundfunks eine Erweiterung dieses Schutzes zu fordern ist, wobei wir uns mit der spezielleren Frage begnügen können, inwieweit die Allgemeinheit ein Interesse daran hat, diesen Schutz erweitert zu sehen.

Zunächst muß besonders betont werden, daß bei der Frage eines gerechten Interessenausgleichs zwischen der Sendegesellschaft und einem Dritten, der die Sendung gewerbsmäßig verwerten will, lediglich das Interesse der Sendegesellschaft maßgebend sein kann. Ein schutzbedürftiges Interesse eines Dritten wird durch eine Anerkennung eines „Rechts an der Sendung" zugunsten der Sendegesellschaft in keiner Weise verletzt. Die Rundfunkdarbietungen werden zu Unterhaltungs- oder zu Belehrungszwecken geboten. Daraus kann kein Hörer ein Recht zur gewerblichen Verwertung ableiten. Handelt es sich um Sendungen des Wirtschafts- oder Presserundfunks, so kann erst recht nicht ein Dritter ohne eigene Mühe und Kosten, lediglich auf Kosten eines anderen ein berechtigtes Interesse geltend machen. Das Interesse der

Sendegesellschaften muß demnach allein als schutzbedürftig und schutzfähig anerkannt werden.

§ 25. Vorschläge in der Literatur zu einer Klärung de lege ferenda. — Auseinandersetzung mit diesen Vorschlägen.

Der heutige Rechtszustand ist von einer Reihe von Autoren als ungenügend anerkannt worden. Nach Smoschewer (a. a. O., S. 321) „muß angestrebt werden, daß ein Schutz der Sendung gegen jede Ausbeutung eingeführt wird". Und zwar will Smoschewer die gewerbliche Ausnutzung der Sendung möglichst auch durch internationales Recht unmöglich machen. Er will die gewerbliche Ausnutzung als unlauteren Wettbewerb angesehen wissen und schlägt vor, an den Art. 10bis der Pariser Verbandsübereinkunft vom 20. März 1883 zum Schutze des gewerblichen Eigentums, in der Fassung der Haager Konferenz, anzuknüpfen. Im Abs. III dieses Artikels seien zwei besonders wichtige Fälle unlauteren Wettbewerbs aufgeführt. Ihnen müßte als dritter Fall derjenige der unerlaubten gewerblichen Ausbeutung der Rundfunksendung zugefügt werden. Weiter soll nach Smoschewer die unerlaubte Ausbeutung von Nachrichten tatsächlichen Inhalts, die durch den Rundfunk verbreitet werden, als unlauterer Wettbewerb angesehen werden. (Über das Schicksal der entsprechend formulierten Vorschläge Smoschewers auf dem Romkongreß 1928 der Internationalen Vereinigung für gewerblichen Rechtsschutz vgl. GRUR. 1928, S. 580, 585.)

Hoffmann (a. a. O., S. 72) äußert sich wie folgt: „Es genügt nicht, daß in den gesetzlichen Vorschriften über den Empfang das ausschließliche Recht der Sendegesellschaft an der Sendung festgelegt wird, ... Es muß darüber hinaus ... der Schutz dieses Eigentums gegen Ausbeutung expressis verbis normiert werden. Dagegen ist eine Benutzung zu rein persönlichem Gebrauche, auch wenn hieraus für den Benutzenden sich gewerbliche Vorteile in Zukunft ergeben sollten, sofern nur nicht eine direkte Ausnutzung der Sendung stattfindet, gestattet."

Ähnlich auch Neugebauer, 3. Aufl., S. 709ff.: „Letzten Endes geht die Entwicklung dahin, der Rundfunkgesellschaft ein „Recht" im Sinne des § 823 BGB. und des gewerblichen Rechtsschutzes zuzugestehen." (S. 712.)

Um mit diesen Vorschlägen eine Auseinandersetzung herbeizuführen, muß weiter ausgeholt werden. Es sei zunächst angeknüpft an die soeben genannte Auffassung Neugebauers. Der § 823 BGB. schützt außer bestimmten „Lebensgütern", die hier nicht interessieren, das Eigentum und „sonstige Rechte". Dieser § 823 BGB. hat nach der heutigen Anschauung der Praxis — und die Literatur steht in der weitaus überwiegenden Zahl auf dem gleichen Standpunkt — in den Fragen des unlauteren Wettbewerbs einen außerordentlich geringen Einfluß. Denn einmal wird der Begriff eines „gewerblichen Eigentums" fast durchweg abgelehnt, zum anderen hat das absolute Persönlichkeitsrecht, als das die gewerbliche Betätigung fast durchweg angesehen wird, nicht die Anerkennung als „sonstiges Recht" im Sinne des § 823 gefunden. Baumbach (Kommentar zum Wettbewerbsrecht 1929, S. 127) weist nun darauf hin, daß die herrschende deutsche Auffassung des Begriffes „Eigentum" eine durchaus nicht gerechtfertigt enge ist. Obwohl das Bürgerliche Gesetzbuch nur von einem Eigentum an körperlichen Sachen spricht, gibt es doch nirgends eine Begriffsbestimmung des Eigentums. Die Befugnis, „mit der Sache nach Belieben zu verfahren und andere von jeder Einwirkung auszuschließen", soll nach Baumbach jedes absolute Recht treffen. Baumbach vertritt im Anschluß an Dernburg (Bürgerliches Recht VI) und Osterrieth (Lehrbuch des gewerblichen Rechtsschutzes) die Auffassung, daß sehr wohl ein geistiges und gewerbliches Eigentum (propriété industrielle) bestehe, welches, ebenso wie das Sacheigentum, durch § 823 BGB. (und auch § 1004) geschützt werden müsse.

Selbst wenn man aber soweit nicht folgen will[36], verdienen die weiteren Ausführungen Baumbachs Beachtung (a. a. O., S. 159), nach denen das „absolute Persönlichkeitsrecht" der gewerblichen Betätigung (als solches wird es einmütig von Literatur und Praxis aufgefaßt) unbedingt als absolutes Recht im Sinne der „sonstigen Rechte" des § 823 BGB. aufgefaßt werden müsse, wie es schon Lobe im Jahre 1907 getan habe („Die Bekämpfung des unlauteren Wettbewerbs", 1. Band von „Der unlautere Wettbewerb als Rechtsverletzung", S. 371ff. § 24 I). „Faßt man, wie es hier geschieht, das durch das Wettbewerbsrecht geschützte Rechtsgut als das Recht an dem Gewerbebetrieb, als ein Immaterialgüterrecht absoluten Inhalts auf, so besteht gar kein Bedenken, es als „sonstiges", d. h. im Sinne der (wohl richtigen) Lehre des Reichsgerichts eigentumsähnliches Recht zu betrachten und es dem § 823 BGB. einzuordnen (Baumbach, a. a. O., S. 159).

Diese Auffassung, auf den Rundfunk übertragen, würde einen wirksamen Schutz gewähren, da vollständig von den Erfordernissen des Wettbewerbs (§ 1 UWG.) wie auch der „Unsittlichkeit" (§ 826 BGB. und § 1 UWG.) abgesehen werden könnte. Allerdings, diese Ansicht ist von der herrschenden weit entfernt. Wir können nicht von ihr ausgehen, wohl aber mit ihrer Hilfe aufzubauen versuchen.

---

[36] Neugebauer: 3. Aufl., S. 709ff., weist darauf hin, daß von einem Eigentum der Sendegesellschaften an ihrer Sendung nicht gesprochen werden könne und daß man sich deshalb vom Begriff des Eigentums frei machen müsse. Allerdings ist das von Neugebauer abgelehnte „Eigentum der Sendegesellschaften an den durch ihre Tätigkeit vor dem Mikrophon beeinflußten Sendewellen der Sendeanlagen" verschieden von dem von Baumbach vertretenen „gewerblichen Eigentum".

Es gilt nun, einen Schutz der Sendung gegen jede Ausbeutung einzuführen. Dabei haben wir Kollisionen mit dem zwischenstaatlichen Recht nicht zu befürchten. Denn nach Art. 10bis der Pariser Übereinkunft in der neuen Fassung haben die Verbandsstaaten die unbedingte Verpflichtung übernommen, einen wirksamen internen Schutz gegen den unlauteren Wettbewerb zu statuieren. Soll also der Schutz in einem Verbandsstaate erweitert werden (wobei es offen bleiben kann, ob dieser Schutz ausdrücklich als gegen den unlauteren Wettbewerb sich richtend bezeichnet wird oder ob er nur die gleiche Wirkung hat), so entspricht dies nur den Normen der Pariser Übereinkunft. Wie Hoffmann, a. a. O., S. 73, ausführt, kann es Sache der Pariser Übereinkunft lediglich sein, die Aufzeichnung und gesetzgeberische Fixierung der tragenden Rechtsgedanken vorzunehmen, während die Normierung der Einzelheiten den einzelnen inländischen Gesetzen entsprechend der spezifischen Rechtsanschauung jedes einzelnen Landes überlassen bleiben muß. Daher ist es sehr wohl denkbar, daß Deutschland in dieser Frage des Schutzes der Rundfunksendung bahnbrechend vorangeht, ohne daß es einer entsprechenden Änderung der Pariser Übereinkunft bedarf. In den weiteren Ausführungen können wir also eine entsprechende Umgestaltung des zwischenstaatlichen Rechts durchaus unberücksichtigt lassen.

Sucht man nun praktisch den Weg, um durch die interne Gesetzgebung einen tatsächlichen Schutz der Sendungen zu normieren, so kann man auf allgemeine Rechtsprinzipien zurückgreifen oder man kann sich an die Spezialgesetzgebung anlehnen. Nach der heute in Deutschland herrschenden Meinung ist mit den allgemeinen Rechtsprinzipien zugunsten eines Schutzes der Sendungen nicht viel anzufangen, wie wir oben gesehen haben, obwohl eine der Baumbachschen Auffassung entsprechende Auslegung und eine Anerkennung eines gewerblichen Eigentums hier Richtlinien weisen könnte. Wir müssen also, um den „Schutz der Allgemeinheit, worin gleichzeitig der Schutz der Interessenten, Sendegesellschaften, wie ausübenden Künstler inbegriffen ist“ Hoffmann, a. a. O., S. 73) an die Spezialgesetzgebung anknüpfen. In Frage käme hier in erster Linie das Unlautere-Wettbewerb-Gesetz, vielleicht das Literaturhebergesetz, vielleicht auch ein spezielles Funkgesetz. Damit werden wir uns noch beschäftigen müssen.

Soweit ich die Literatur übersehe (so besonders die obengenannten Smoschewer, Hoffmann und Neugebauer), scheint man durchaus an die Bestimmungen über den unlauteren Wettbewerb anknüpfen zu wollen (auch Neugebauer weist auf dieses Spezialgesetz hin!). In der gleichen Richtung gehen die zwischenstaatlich-rechtlichen Vorschläge (vgl. dazu nur Tabouis, Bl. f. Funkr. **1927**, S. 150ff., bes. 156, 157). Grundgedanke ist, das verdient wiederholt zu werden, dabei immer die Normierung eines „Rechts an der Sendung", die Anerkennung des Schutzes der Sendung gegen jede Art von gewerblicher Ausbeutung. Es mag zweifellos naheliegen, hierbei an die Bestimmungen über den unlauteren Wettbewerb anzuknüpfen. Der allein mögliche Weg ist damit nicht gefunden. Ich vermag nicht anzuerkennen, warum die Sendung nur geschützt sein soll, wenn die Verwertung gleichzeitig eine Wettbewerbsbehandlung darstellt, warum auch eine gegen die guten Sitten verstoßende Handlung vorliegen muß. Somit erscheint es mir nicht erforderlich, von dem Unlauteren-Wettbewerb-Gesetz auszugehen, soweit sich auf anderem Wege ein ebensolch umfassender Schutz normieren läßt. Deutlicher gesagt: es soll nicht ausgegangen werden von dem Erfordernis des unlauteren Wettbewerbs, der sich in der Generalklausel des Unlauteren-Wettbewerb-Gesetz durch das Erfordernis des Verstoßes gegen die guten Sitten kennzeichnet, in den Einzelbestimmungen dieses Gesetzes aber immer irgendeine „unlautere" Absicht erfordert, sondern schlechtweg vom Wettbewerb. Ob eine entsprechende Bestimmung dann noch Platz finden kann im Rahmen des Unlauteren-Wettbewerb-Gesetz, wird uns noch zu interessieren haben.

§ 26. Eigener Vorschlag de lege ferenda und Begründung.

Baumbach (a. a. O., S. 172ff.) wendet sich heftig gegen die ungeheure Verbreitung, die der Begriff der Sittenwidrigkeit in der deutschen Rechtsprechung gefunden hat[37]. Dem kann ich nur zustimmen und versuche daher, bei einer neu zu schaffenden Bestimmung unter allen Umständen das Merkmal der Sittenwidrigkeit zu eliminieren. Es muß möglich sein, ohne diesen verwaschenen Begriff einen klaren Schutz zu normieren.

Oben hatte ich schon mit Baumbach auf die auch für das Gebiet des Wettbewerbs mögliche außerordentliche Bedeutung hingewiesen, die der § 823 Abs. I BGB. haben könnte, wenn die Rechtsprechung ihren bisherigen Standpunkt aufgeben würde. Da nun nicht anzunehmen ist, daß Literatur und Praxis mit einem Schlage ihre Meinung ändern, setze ich hier beim § 823 BGB. de lege ferenda den Hebel an. Mit anderen Worten: es scheint mir der richtige Weg, den Sendegesellschaften für ihre Sendung den Schutz des § 823 Abs. I und damit einen eigentumsähnlichen Schutz zu gewähren. Wir werden sehen, daß wir auf diesem Wege zu einem vollen Erfolg kommen können. — Bei einer solchen Regelung de lege ferenda wird auch zu

[37] Die gleichen Gedanken finden sich auch in dem Werk von Ulmer: Warenzeichen und unlauterer Wettbewerb in ihrer Fortbildung durch die Rechtsprechung. Berlin 1929.

prüfen sein, ob und unter welchen Umständen und unter welchen Bedingungen die Sendegesellschaft die gewerbsmäßige Ausnutzung ihrer Sendung gestatten kann, welcher evtl. Form diese Zustimmung bedarf, um rechtswirksam zu sein.

Es wäre jetzt am Platze, einen geeigneten Vorschlag zu unterbreiten. Vorerst aber muß klargestellt werden, wo eine solche neue Bestimmung zweckmäßig örtlich unterzubringen ist. Das Unlautere-Wettbewerb-Gesetz erschien nicht geeignet, da hier andere Voraussetzungen gestellt werden sollen. Das war oben schon gesagt. Das LUG. kann ebensowenig in Frage kommen, da von einem urheberrechtlichen Schutz der Sendegesellschaft gar keine Rede sein kann. Ein Urheberrecht der Sendegesellschaft kann und soll nicht begründet werden. Ein typisches, zusammenfassendes Rundfunkgesetz ist dem deutschen Rechtsgebiet unbekannt. Das hatten wir schon mehrfach gesehen. Das „Gesetz über Fernmeldeanlagen" verträgt eine Bestimmung dieses Charakters ebenfalls nicht. Das ergibt ein kurzer Blick auf dieses Gesetz. Andere gesetzliche Bestimmungen, denen das „Recht an der Sendung" angehängt werden könnte, sind nicht zu finden. So erscheint eine andere Lösung nicht möglich, als die, die Form eines neuen Gesetzes zu wählen. Ich betone hierbei ausdrücklich, daß mir dieser Weg nicht als der sympathischste erscheint. Aber unter Berücksichtigung der vertretenen Auffassung soll und muß von dem Erfordernis des unlauteren Wettbewerbs abgesehen werden.

Daher sei hier folgende Fassung in Vorschlag gebracht: Entwurf eines Reichsgesetzes betr. den Schutz der Rundfunkdarbietungen:

§ 1. Die Darbietungen der Rundfunkgesellschaften genießen den Rechtsschutz des § 823 Abs. I BGB.

§ 2. Der Schutz der Rundfunkdarhietungen ist unverzichtbar, soweit eine mechanische Fixierung der aufgefangenen Schwingungen auf Platten, Walzen, Streifen, Filme zum Zwecke späterer mechanischer Wiedergabe beabsichtigt ist.

§ 3. Dieses Gesetz tritt . . . in Kraft.

Diese Formulierung mag auf den ersten Blick sonderbar und auch unzureichend erscheinen. Meines Erachtens trifft sie alle Erfordernisse. Es liegt klar, daß die Bezugnahme auf den § 823 Abs. I BGB. nicht erforderlich ist; für ein Spezialgesetzwäre es zweifellos vorteilhafter, expressis verbis den Schutz zu normieren. Praktisch kommt aber die hier vertretene Fassung zum gleichen Resultat. Betonen möchte ich allerdings, daß ich mich auf diese Fassung keineswegs festlegen möchte. Sie soll nur klar den Gedanken zum Ausdruck bringen, daß das Persönlichkeitsrecht des Gewerbebetriebes den naheliegenden Schutz des § 823 BGB. finden soll. Vielleicht könnte eine solche gesetzliche Regelung auch dazu führen, die Rechtsprechung in Fragen des Wettbewerbs vom § 826 BGB. und vom § 1 UWG. zum § 823 BGB. hinzuführen, was ich mit Baumbach als wesentlichen Fortschritt betrachten würde.

Diese Fassung kann auf eine ausdrückliche Normierung der Zustimmung der Sendegesellschaft zur Verwertung ihrer Darbietungen verzichten, weil hierfür die allgemeinen Grundsätze des § 823 BGB. (vgl. die Kommentare) maßgebend sein würden. Eine jede Zustimmung der Sendegesellschaften würde die Verwertung zu einer erlaubten machen. Ich glaube, daß es auch einer besonderen Norm über die Form der Zustimmung nicht bedarf. Grundsätzlich ist in dieser Fassung den Sendegesellschaften ein umfassendes Recht gegeben (dessen genauen Umfang wir sofort betrachten werden). Wollte die Gesellschaft in einzelnen Punkten oder zugunsten eines gewissen Personenkreises auf dieses Recht verzichten, dann würde eine öffentliche Bekanntmachung genügen, die zweckmäßig vom Spitzenorgan, also für die deutschen Sendegesellschaften von der Reichs-Rundfunkgesellschaft, zu erteilen wäre. Daß eine gewisse Durchbrechung des Schutzes der Sendung geboten erscheint, werden wir noch näher betrachten, wobei ein Interesse der Rundfunkgesellschaften nicht verletzt werden würde. Trotzdem halte ich es für entbehrlich, kasuistisch im Gesetze Ausnahmen zu statuieren, da ein rigoroses Vorgehen der Sendegesellschaften im Falle eines umfassenden Schutzes kaum zu befürchten ist.

Nach dieser Fassung wäre den Rundfunkdarbietungen der Schutz des § 823 Abs. I BGB. sichergestellt. Dabei ist es offengelassen, ob es sich handeln soll tatsächlich um ein Eigentum der Sendegesellschaften (also um ein gewerbliches Eigentum im Sinne von Baumbach, Dernburg, Osterrieth; vgl. oben) oder nur um Anerkennung des Schutzes des absoluten Persönlichkeitsrechts, das bisher nicht als „sonstiges Recht" im Sinne des § 823 Abs. I anerkannt war (RGZ. 73/107, Kommentar der Reichsgerichtsräte zu § 823, Ziff. 8, S. 560). Diese Unterscheidung würde für die gegebene Fassung praktisch belanglos. Es würde jedenfalls nicht mehr abzustellen sein auf irgendeine Sittenwidrigkeit oder eine andere Art eines unlauteren Wettbewerbs. Erfordernisse zur Erfüllung des Tatbestandes wären lediglich vorsätzliche oder fahrlässige Verletzung und (objektive) Widerrechtlichkeit der Verletzung. Die Darbietungen der Rundfunkgesellschaften wären also als ein Rechtsgut des § 823 BGB. geschützt und zwar dann, wenn ein Dritter vorsätzlich oder fahrlässig, jedoch (objektiv) widerrechtlich von den Sendungen Gebrauch macht. Und zwar könnten die Sendegesellschaften sowohl Schadenersatz geltend machen als auch (gewohnheitsrechtlich) auf Unterlassung klagen (diesen letzten Schutz gewährt die Rechtsprechung auch hier in gewissen Fällen nämlich: a) wenn der gesetzliche Tatbestand in der Vergangenheit vollständig erfüllt ist und weitere Rechtsverletzungen zu erwarten sind; b) wenn es sich um einen gegenwärtigen im Sinne von § 823 rechtswidrigen Zustand handelt und alle Tatbestandsmerkmale vorliegen; vgl. Staudinger, Vorbemerkung VIII zu § 823; siehe allgemein die Kommentare: Reichsgerichtsräte 1928, Vorbemerkung zu § 823 Ziff. 6, I, III, S. 545; RGZ. 60/6; 109/276).

Betrachten wir nun die Wirkungen des vorgeschlagenen Entwurfs auf die oben S. 82 gegebene Aufstellung, so finden wir, daß unsere Formulierung einen unbedingten Schutz gewähren würde gegen alle unter I und II genannten Punkte. III würde dagegen nicht ergriffen werden, was uns aber im Rahmen dieser Arbeit auch nicht zu interessieren braucht, da es sich dort um einen Punkt handelt, der das Recht der Allgemeinheit nicht berührt.

Besonders verdient es hervorgehoben zu werden, daß ein unbedingter Schutz hinsichtlich des Punktes II, 2, d. h. ein Schutz gegen Verwertung der im Rundfunk verbreiteten Tagesneuigkeiten recht wesentlich das Recht der Allgemeinheit sichern würde: Häntzschel (Bl. f. Funkr. **1927**, 180) hat darauf hingewiesen, daß durch die bisherige Praxis eines Teils der Presse die Existenz der internationalen Nachrichtenbüros aufs schwerste bedroht ist, so daß diese Nachrichtenagenturen angekündigt haben, den Unterhaltungsrundfunk nur noch verspätet, d. h. mit „alten Kamellen" zu bedienen, wenn nicht ein „Recht an der Sendung" geschaffen und damit die bisherige Rechtslage geändert wird. Da die Allgemeinheit aber ein Interesse daran haben muß, durch den Rundfunk mit neuen, nicht mit veralteten Mitteilungen bedient zu werden, wäre ein zu schaffendes „Recht an der Sendung" schon aus diesem speziellen Gesichtspunkt zu begrüßen.

Dieser weitgehende Schutz bedarf einiger Durchbrechungen; das heißt die Widerrechtlichkeit[38] müßte in einigen Punkten durchbrochen werden, indem die Gesellschaften (wir hatten dazu oben die Reichs-Rundfunkgesellschaft als Spitzenorgan in Aussicht genommen) die Verwertung in einzelnen Fällen gestatten würden. Hierfür kämen wohl in erster Linie in Frage das Rebroadcasting und weiter die anderen unter 1a und b genannten Fälle gegen eine billige Entschädigung des Rundfunks. Mechanische Fixierung auf Platten, Filme usw. dürfte dagegen in keinem Falle gestattet werden, um Urheber und ausübende Künstler zu schützen. Aus diesem Grunde erscheint es erforderlich, die Bestimmung des § 2 ausdrücklich in den Entwurf aufzunehmen. Dadurch würde eine Weiterverwertung zu Zwecken des Films und der Schallplattenwiedergabe unmöglich gemacht, da der Geschützte (hier die

[38] Ein Eingriff in einen fremden Rechtskreis ist immer widerrechtlich, wenn ihm nicht eine besondere Befugnis zur Seite steht oder wenn die Handlung die Grenzen der vorhandenen Befugnis überschreitet: RG. in JW. **1926**, 364.

Sendegesellschaft) mit seiner Einwilligung nicht gegen ein gesetzliches Verbot verstoßen darf. Die Sendegesellschaft könnte an und für sich gegen eine entsprechende Vergütung bereit sein, ihre Sendung fixieren zu lassen. Das muß verhindert werden im Interesse der Urheber und der ausübenden Künstler. Im Interesse der Urheber, da diese nach der in dieser Abhandlung vertretenen Auffassung eine gesetzliche Lizenz zugunsten des Rundfunks auf sich nehmen sollen, eine gesetzliche Lizenz aber nicht mehr zu vertreten wäre, wenn nicht gleichzeitig ein entsprechender Schutz gegen Weiterverwertung gegeben wäre. Im Interesse der ausübenden Künstler, weil im besonderen Kapitel eines Urheberschutzes der ausübenden Künstler dieser Urheberschutz verneint worden war, eine Verneinung dieses Urheberschutzes aber einen anders gearteten wirksamen Rechtsschutz voraussetzt. Dieser Rechtsschutz ist hier dem ausübenden Künstler zwar nicht direkt gewährt, wohl aber auf dem Umweg über das unverzichtbare Recht der Sendegesellschaft an der Sendung erzielt.

Nicht erforderlich erscheint es dagegen, den Sendegesellschaften den Verzicht ihres Rechtes gegen eine entsprechende Vergütung allgemein zu untersagen. Das würde gegen das Interesse des Rundfunks verstoßen. Ein Interesse der Urheber oder der ausübenden Künstler wird auf der anderen Seite durch eine Weiterverwertung durch Funkhändler, durch öffentliche Gaststätten, durch Rundfunkvermittlungsanlagen usw. nicht verletzt, da hierdurch der Personenkreis der Hörer zwar erweitert, eine Benachteiligung aber weder der ausübenden Künstler noch der Urheber zu befürchten ist (wie in anderem Zusammenhang klargelegt wurde). Andererseits erscheint es auch nicht unbillig, die bisher unentgeltlich möglichen Lautsprechervorführungen in öffentlichen Gaststätten von der Genehmigung der Sendegesellschaften abhängig zu machen, die in diesem Falle wohl nur gegen eine besondere angemessene Entschädigung zu erteilen wäre, während die Gaststätten bisher ohne irgendwelche Gegenleistung billige musikalische Darbietungen zur Verfügung hatten[39]. — Nicht anders wäre die Situation hinsichtlich der Rundfunkvermittlungsstellen, der Weiterverwertung auf dem Drahtnetz, Verwertung des sachlichen Inhalts durch die Presse usw., wo die Reichs-Rundfunkgesellschaft als Spitzenorganisation die Richtlinien auszuarbeiten haben würde, nach denen dann in Zukunft zu verfahren wäre. Ob der Rundfunk eine Weiterverwertung seiner Darbietungen (hier handelt es sich ja, das sei betont, nur um den sog. Unter-

---

[39] Ein Schutz des nachschaffenden Künstlers erscheint in diesem Falle wie auch im Falle der elektrischen Weiterverwertung nicht nötig. Denn das, was weiter zugänglich gemacht wird, ist die einmalige künstlerische Leistung, die bereits durch die funkmäßige Wiedergabe mit Willen des betreffenden Künstlers an alle ging, d. h. jedem zugänglich gemacht wurde.

haltungsrundfunk) verbieten, ob er sie gegen Entgelt gestatten, ob er sie unentgeltlich gestatten will, das braucht den Gesetzgeber nicht zu interessieren. Sache des Gesetzgebers muß es sein, die Rechte der Allgemeinheit zu wahren, die einen Anspruch darauf hat, den Rundfunk geschützt und in seinem Bestand erhalten zu sehen, die einen Anspruch darauf hat, daß den Urhebern, die in ihrem (der Allgemeinheit) Interesse eine Durchbrechung des Urheberrechts zu dulden haben, ein genügender Schutz geboten ist, die schließlich einen Anspruch darauf geltend machen kann, daß gerechte Forderungen der ausübenden Künstler (ohne die der Rundfunk nicht bestehen kann) Berücksichtigung finden. Dem aber wird meines Erachtens die hier in Vorschlag gebrachte Formulierung in befriedigender Weise gerecht.

II. Das Antennenrecht.

§ 27. Die derzeitige Rechtslage.

a) In Deutschland.

Auch bei den Fragen des Antennenrechts ist das Recht der Allgemeinheit zu berücksichtigen. Und zwar handelt es sich hier um das Recht aller am Rundfunk beteiligten Personen, die ein berechtigtes Interesse geltend machen können, die Darbietungen der Sendegesellschaften in technisch einwandfreier Weise zu empfangen. Auch hier stoßen wir auf den Gegensatz Recht der Allgemeinheit — Recht des Einzelnen. Auch hier wird zu prüfen sein, ob dieses Recht des Einzelnen, in diesem Falle das Eigentum, im Interesse des Rechts der Allgemeinheit Durchbrechungen zu dulden verpflichtet ist.

Die einwandfreie Empfangnahme der von den Sendegesellschaften gebotenen Sendungen muß gewährleistet sein. Solange dem Rundfunkhörer nicht jede nur denkbare Erleichterung bei der Aufnahme der Rundfunkdarbietungen geboten, solange er aus irgendwelchen Gründen gezwungen ist, die Sendungen nur teilweise, weniger einwandfrei oder nur unter größerer finanzieller Belastung aufnehmen zu können, wird die Anteilnahme, die die Bevölkerung dem Rundfunk entgegenbringt, notwendigerweise beschränkt sein. Erst dann, wenn alle Vorbedingungen technischer und wirtschaftlicher Art für eine völlig einwandfreie, nicht auf den Ortssender beschränkte Aufnahme der Rundfunkdarbietungen gegeben sind, wird die Allgemeinheit im tatsächlichen Sinne des Wortes dem Rundfunk Gefolgschaft leisten und wird damit dem Rundfunk den Platz im Wirtschafts- und Geistesleben der Nation sichern, der ihm gebührt; der Platz, nach dem er heute strebt und den er, nach den Erfahrungen der wenigen Jahre seines Bestehens zu urteilen, zweifelsohne auch erringen wird.

Selbstverständlich ist es, daß bei den folgenden Betrachtungen alle technischen Fragen aus dem Spiele bleiben können und müssen, obwohl es in erster Linie einer weiteren Verbesserung der Technik vorbehalten sein wird, den Rundfunk auf eine noch breitere Basis zu stellen als dies heute der Fall ist. Im Rahmen dieser Abhandlung wird vielmehr von dem heutigen Stande der Technik auszugehen sein. Und dabei wird die Frage der Außenantenne, um die es sich im wesentlichen handelt, heranzuziehen sein unter Außerachtlassung der technisch verwandten Fragen, ob diese Außenantenne entbehrlich werden wird, zumindesten unter Außerachtlassung insoweit, als die Entbehrlichkeit nur durch bedeutend höhere finanzielle Ausgaben zu erreichen wäre.

Es würde hier zu weit gehen, auf alle Streitfragen des Antennenrechts im einzelnen Stellung nehmen zu wollen. Hierbei kann auf die vorzügliche Darstellung bei Neugebauer (3. Aufl., S. 779ff.) verwiesen werden, wo alle Fragen in einem der Bedeutung des Rundfunks voll entsprechenden modernen Geist behandelt sind.

Es darf vorangestellt werden, daß es sich bei diesem Antennenrecht nicht handelt um Streitigkeiten hinsichtlich einer Zimmerantenne, nicht handelt um die Mieter von Einfamilienhäusern. In diesen Fällen herrscht Einstimmigkeit zugunsten des Mieters (vgl. neben Neugebauer etwa Geutebrück, Bl. f. Funkr. **1927**, 82ff.) Es handelt sich vielmehr um das Antennenrecht des Stockwerkmieters, das „nur und ausschließlich dahingeht, daß dem Mieter verstattet werden sollte, die Antenne durch einen zuverlässigen, mit derartigen Arbeiten (auf dem Dache) vertrauten Fachmann anbringen zu lassen, bei dessen Auswahl dem Hauswirt ein maßgebliches Mitbestimmungsrecht zusteht“ (Neugebauer im Arch. f. Funkr. **1928**, 27). Dabei ist zu betonen, daß der Mieter nicht ohne ausdrückliche Genehmigung des Vermieters vorgehen, und daß er im Falle einer Weigerung keine Selbsthilfe anwenden darf, daß er in diesem Falle vielmehr Klage vor den ordentlichen Gerichten zu erheben hat.

Das Antennenrecht ist ein Ausfluß des Mietrechts und wird demgemäß in Auslegung der entsprechenden Vorschriften des Bürgerlichen Gesetzbuchs zu lösen sein[40]. Selbstverständlich kann im Miet-

[40] Einmal (List: Arch. f. Funkr. **1928**, 424ff.) ist auch der Versuch gemacht worden, diese Fragen unter Ausscheidung des Privatrechts rein verwaltungsrechtlich zu lösen. Danach soll, entgegen der heute durchaus herrschenden Meinung, das Antennenrecht kein Ausfluß des Mietrechts sein. Die Dachantenne wird vielmehr als typisches Beispiel der öffentlich-rechtlichen Eigentumsbeschränkung hingestellt (a. a. O., S. 453, 454). — Es geht hier nicht an, mit List über diesen Weg zu streiten. Dieser Versuch weist jedenfalls die Möglichkeit, auf öffentlich-rechtlichem Wege zu einer klaren Bejahung des Antennenrechts und damit des Rechts der Allgemeinheit zu gelangen. Heute aber steht es einwandfrei fest, daß Streitigkeiten aus dem Antennenrecht (wie auch solche wegen

vertrag das Antennenrecht durch Aufnahme einer entsprechenden Bestimmung ausdrücklich verneint werden.

Die Rechtsprechung ist bis heute durchaus uneinheitlich gewesen. Immerhin ist das Antennenrecht nur von einer Minderheit völlig bejaht worden. Andere Gerichte haben es nur für die Fälle geschäftlicher Notwendigkeit bejaht. In der Mehrheit dagegen haben sich die Gerichte gegen das Antennenrecht ausgesprochen, und das Reichsgericht hat sich dieser Meinung angeschlossen (die beiden Reichsgerichtsurteile: Urteil vom 8. Februar 1927 RGZ. 116/95, Bl. f. Funkr. **1927**, 78, DJZ. **1927**, 673, JW. **1927**, 1367 und Urteil vom 30. März 1928 im Arch. f. Funkr. **1928**, 246[41]).

Diese beiden Reichsgerichtsurteile haben in der Literatur durchweg eine ungünstige Aufnahme gefunden, wie überhaupt die Literatur auf einem weit rundfunkfreundlicheren Standpunkt steht als die Mehrheit der Rechtsprechung. Es sei hier auf die Gegenüberstellung bei Neugebauer (3. Aufl., S. 800f.) verwiesen.

Diese rundfunkfeindlichen Urteile des Reichsgerichts gehen von einer Abwägung der beiderseitigen Interessen aus. Daran wird festzuhalten sein. Bei dieser Interessenabwägung wird jedoch auf dem § 535 BGB. zu fußen sein, nicht, wie es das Reichsgericht in der Entscheidung 116/96 tut, auf dem § 903 BGB.

Das Reichsgericht stellt weiter fest, es handle sich beim Rundfunk um ein bloßes Annehmlichkeitsinteresse. Dieser Ausgangspunkt der Reichsgerichtsentscheidung ist jedoch fehl am Platze und kann keinesfalls anerkannt werden. Keiner Begründung bedarf es dabei, daß in allen Fällen, in denen der Mieter, der ein geschäftliches oder berufliches Interesse hat, mehr als ein bloßes Annehmlichkeitsinteresse für sich beanspruchen darf. Aber auch in allen den Fällen, in denen es sich lediglich um einen Privatgebrauch des Rundfunkgeräts handelt, kann und darf nicht lediglich von einem Annehmlichkeitsinterese die Rede sein. In anderen Zusammenhang war auf den Wert des Rundfunks zur Erziehung und Bildung der breiten Massen ausführlich hingewiesen. Hier genügt es, auf diese Ausfüh-

---

Rundfunkstörungen) zur Zuständigkeit der ordentlichen Gerichte gehören. Es mag dahingestellt bleiben, ob es sich beim Antennenrecht wirklich um funkverwaltungsrechtliche Fragen handelt (a. a. O., S. 453). Ausgehen von diesem Punkte können wir, fußend auf der heute herrschenden Rechtslage, jedenfalls nicht.

[41] Siehe die Übersicht über die Stellung der Rechtsprechung bei Neugebauer: 3. Aufl., S. 801f. — Dazu kommen noch zwei neue rundfunkfreundliche Landgerichtsurteile: LG. Königsberg vom 24. Oktober 1929 im Arch. f. Funkr. **1930**, 57 und LG. Halle vom 1. Mai 1929 im Arch. f. Funkr. **1929**, 663 sowie ein (rechtskräftiges) Urteil des Amtsgerichts Köslin vom 18. Oktober 1929 im Arch. f. Funkr. **1930**, 60.

rungen zu verweisen, ohne nochmals den Rundfunk als Kulturfaktor zu würdigen[42].

Ebenfalls fehl am Platze ist die Behauptung des Reichsgerichts, der Rundfunk sei kein Verkehrsmittel, und deshalb müsse ihm (zumindesten vorläufig) der naheliegende Vergleich mit dem Fernsprecher versagt werden. Das Reichsgericht stützt sich dabei auf die Behauptung, eine telegraphische Einrichtung, die nur Verkehr in einer Richtung von der Sendestelle aus ermögliche, könne ein Verkehrsmittel nicht sein. Neugebauer (3. Aufl., S. 784f.) hat diese Auffassung schlagend widerlegt und auf den Börsendrücker, auf Feuermeldeeinrichtungen, auf Notrufanlagen, auf die Einrichtungen der besonderen Telegraphen (§ 24 II FO.) und auf die besonderen Funknachrichtendienste verwiesen. Insoweit hat sich das Reichsgericht Tatsachen gegenübergestellt, an denen nicht vorübergegangen werden kann.

Unter diesen Umständen ist dem Ausspruch Neugebauers (3. Aufl., S. 785) nur beizupflichten: „Seine (des Reichsgerichts) Grundeinstellung in der Beurteilung der verkehrspolitischen, wirtschaftlichen und damit rechtlichen Bedeutung des Rundfunks ist somit verfehlt."

Es verdient einen besonderen Hinweis, daß sich das Reichsgericht weiterhin grundsätzlich irrt, wenn es behauptet, es sei unmöglich, den Rundfunk zur Zeit dem Fernsprecher an Bedeutung gleichzustellen, weil die Zahl der Rundfunkteilnehmer nicht unbedeutend geringer sei als die Zahl der Fernsprechteilnehmer. Tatsächlich betrug jedoch die Zahl der Inhaber von Rundfunkverleihungen am 1. Juli 1929 in Deutschland 2826628. Somit war zu diesem Zeitpunkt die Zahl aller derjenigen, die den Rundfunk mithören, auf etwa 10 Millionen zu schätzen. Am gleichen 1. Juli 1929 aber betrug die Zahl der Fernsprechteilnehmer in Deutschland nur etwas über $2^1/_2$ Millionen, war also geringer als die Zahl der Rundfunkteilnehmer! In seinem dreijährigen Bestehen hat der Rundfunk also den etwa fünfzigjährigen Vorsprung des Fernsprechers nicht nur eingeholt, sondern sogar überboten. Sollten diese Zahlen und diese Entwicklung dem Reichsgericht entgangen sein?

Das Reichsgericht glaubt weiter, auf die Blitzgefahr der Dachantenne, auf mögliche Dachbeschädigungen und auf die Rücksichtnahme des Hauseigentümers anderen Mietern gegenüber, die gegebenenfalls ein gleiches Antennenrecht fordern könnten, hinweisen zu müssen. Alle diese Argumente sind lebhaft bekämpft und widerlegt worden.

Eine Blitzgefährlichkeit sachgemäß angelegter Dachantennen besteht nicht. Das beweist die Praxis der Feuerversicherungsgesellschaften,

[42] Vgl. dazu zustimmend das Urteil des Landgerichts Halle vom 1. Mai 1929 im Arch. f. Funkr. **1929**, 663ff., bes. 666, und das Urteil des Landgerichts Königsberg vom 24. Oktober 1929 im Arch. f. Funkr. **1930**, 57f., bes. 59, neben anderen gleichfalls zustimmenden früheren Urteilen anderer Gerichte.

das ist in Theorie und Praxis wiederholt bewiesen worden (vgl. Neugebauer, 3. Aufl., S. 791f. und die dort erschöpfend genannte Literatur). Dagegen sind starkstromführende Hausleitungen als gefährlich anzusehen wie die Fachzeitschriften einstimmig bestätigen (vgl. die Übersicht bei Neugebauer, 3. Aufl., S. 795). Bei diesen Leitungen aber macht sich niemand Sorgen über deren tatsächlich erwiesene Blitzgefahr.

Daß eine Antennenvorrichtung die Standfestigkeit des Gebäudes oder eines Gebäudeteils, insbesondere die Sicherheit des Daches, zu berücksichtigen hat, ist ohne weiteres aus der Interessenabwägung zu folgern, von der ja auszugehen war. Auch insoweit kann dem Hauseigentümer eine Gefahr nicht erwachsen.

Hinsichtlich der Möglichkeit, daß alle Mieter eines Hauses Dachantennen fordern könnten, genügt schließlich der Hinweis auf den auch im Elektrizitätsrecht allgemein geltenden Satz „prior tempore potior jure".

Es zeigt sich also, daß das Reichsgericht „nach alledem bei seiner Interessenabwägung dem Gesichtspunkte der Gefährlichkeit der Hochantennen und der Dachbeschädigung eine Bedeutung beigemessen hat, die ihnen, wenn man die Dinge richtig sieht, nicht zukommt. Ein „objektives Bild" (RGZ. 116/96) hat das Reichsgericht seiner Betrachtungsweise nicht zugrunde gelegt" (Neugebauer im Arch. f. Funkr. **1928**, 28).

Der verfassungsrechtliche Satz des Art. 153 Abs. III RVerf. muß auch hier, in diesen Fragen des Antennenrechts, als Leitmotiv herangezogen werden. Überspannungen des Eigentumsbegriffes sind zu vermeiden. Die Betätigung und Entwicklung eines Verkehrsmittels darf nicht zum Nachteil der Allgemeinheit durch starr gezogene Grenzen des Eigentums verhindert werden.

Wenn daher der Mieter auf Verlangen des Hauseigentümers darlegt, daß die beanspruchte Dachantenne technisch notwendig ist oder daß ein Umbau des Apparats übermäßige Kosten verursacht, dann wird dem Hauseigentümer in den genannten Grenzen ein Verbotsrecht nicht zugestanden werden dürfen.

Die gegenwärtige Einstellung der Mehrheit der Rechtsprechung entspricht durchaus der Haltung, die diese seinerzeit dem Fernsprecher gegenüber eingenommen hat. Auch hier hat anfangs die Rechtsprechung, und zwar gerade das Reichsgericht, dem Mieter das Recht, vom Hauswirt die Einwilligung zur Anlage eines Fernsprechanschlusses zu verlangen, versagt. Erst später haben sich die Gerichte der Erkenntnis der Bedeutung des Fernsprechers nicht mehr verschließen können, und diese Ansicht herrscht heute unbestritten. Wir werden uns vorbehalten, aus dieser Entwicklung die naheliegenden Folgerungen zu ziehen, wobei zu berücksichtigen ist, daß beim Antennenrecht die

Lage für den Mieter deshalb günstiger ist, weil hier nicht wie beim Fernsprechanschluß eine besondere Verpflichtungserklärung, die „Hausbesitzererklärung", erforderlich ist.

b) Das ausländische Antennenrecht.

Vorher empfiehlt es sich, die Stellungnahme kennenzulernen, die der ausländische Gesetzgeber bzw. der ausländische Richter dieser Frage gegenüber eingenommen haben.

Treydte hat im Arch. f. Funkr. **1928**, 632 für eine Reihe von Ländern bereits erschöpfend Stellung genommen. Darauf kann verwiesen und insoweit nur das Resumee gezogen werden. Dort wird gezeigt, daß in Österreich, Frankreich, England, Ungarn und Estland ein Antennenrecht des Stockwerkmieters anerkannt ist.

Am eindeutigsten ist dabei die Rechtslage in

Estland,

wo das Antennenrecht durch § 13 des Funkgesetzes (vom 18. Dezember 1925) gesetzlich anerkannt ist. Dieser § 13 hat folgenden Wortlaut:

> Privatpersonen und Vereine, die auf Grund des vorliegenden Gesetzes die Genehmigung erhalten haben, Funkstationen oder Empfänger aufzustellen, haben mit Einwilligung der Selbstverwaltungen das Recht, Außenantennen auf fremdem Grunde oder an fremden Gebäuden zu befestigen; den dadurch den Immobilienbesitzern entstehenden Schaden ersetzt der Besitzer der Funkstation oder des Empfängers. Für die Befestigung von Außenantennen an den dem Staate oder den Selbstverwaltungen gehörenden Immobilien ist die Genehmigung der betreffenden Behörde erforderlich. Wenn sich die Parteien wegen der Entschädigung nicht einigen können, wird die Angelegenheit den Gerichten zur Entscheidung übertragen.

Auch in

Ungarn

hat sich der Gesetzgeber ausdrücklich mit der Frage des Antennenrechts befaßt. Die Verordnung des hierfür zuständigen Handelsministers vom Jahre 1927 (siehe im einzelnen Szalai: Bl. f. Funkr. **1927**, 128) kennt die Bestimmung, daß der Eigentümer des Grundstückes die Aufstellung der Antenne seitens seines Mieters zu dulden hat, allerdings nur in solcher Art und Weise, daß dadurch das Eigentum nicht gefährdet wird. Im Streitfalle entscheidet der Handelsminister. Für etwaige Schäden, für Instandhaltung und für restitutio in integrum bei Beseitigung der Antenne hat der Eigentümer der Antenne aufzukommen. Über Streitigkeiten aus diesen Punkten entscheiden die ordentlichen Gerichte.

Ebenso ist die Lage in

Polen.

Vgl. Art. 13 des Gesetzes vom 3. Juni 1924 für Anlagen öffentlichen Charakters. Im einzelnen siehe Neugebauer: 3. Aufl., S. 811 und Bl. f. Funkr. **1927**, 122.

In Österreich,
Frankreich
und England

ist das Antennenrecht des Stockwerkmieters durch die Rechtsprechung bejaht, in Österreich und Frankreich unter Berücksichtigung der gleichen Grundlagen, die unser Reichsgericht zum entgegengesetzten Resultat geführt haben, in England auf Grund der gänzlich anderen Rechtslage (vgl. im einzelnen bei Treydte: a. a. O.).

Es sei hier hinzugefügt, daß auf grundgesetzlicher Regelung kein Antennenrecht besteht in

Bulgarien.

Die Ausführungsverordnung vom 26. Juli 1927 zur Anwendung des Radiogesetzes (abgedruckt Arch. f. Funkr. **1928**, 390ff.) hat unter § 34 II folgende Bestimmung:

> Die Radioabonnenten sind verpflichtet, sich mit dem Eigentümer des Grundstückes zu verständigen, an welchem sie die Antenne anbringen wollen.

Die gleiche unsichere Rechtslage wie in Deutschland besteht in der

Tschechoslowakei,

wo in jedem Falle die Einwilligung des Grund- oder Hauseigentümers notwendig ist. Die Judikatur ist auch dort schwankend (ausführlich im Arch. f. Funkr. **1928**, 535).

§ 28. Gesetzesänderung im Interesse des Rechts der Allgemeinheit?

Es bleibt zu prüfen, ob die rundfunkfeindliche Einstellung der Mehrzahl der deutschen Gerichte nur durch eine besondere Bestimmung wird geändert werden können oder ob es zu erwarten ist, das bald von selbst die rundfunkfeindlichen Argumente der bisherigen Reichsgerichtsurteile von der Rechtsprechung aufgegeben werden. Der heutige Rechtszustand in der Frage des Antennenrechts ist auf jeden Fall im Interesse der Alllgemeinheit, die hinter dem Rundfunk steht, unhaltbar und bedarf einer baldigen Änderung. Der Rundfunk „ist keine Modesache von vorübergehender Bedeutung; er ist kein Mittel, um nur oberflächliche Sensationslust zu befriedigen; er dient im Gegenteil wichtigen Kultur-, Bildungs- und Lebensbedürfnissen weitester Bevölkerungskreise; er ist bereits heute Gemeingut des Volkes geworden" (Neugebauer, 3. Aufl., S. 786). Es bedeutet einen unausgleichbaren Gegensatz zur Verkehrssitte und enthält eine klare Überspannung des Eigentumsbegriffes, durch engherzige Auslegung von Mietverträgen den Mieter von der Teilnahme am Rundfunk auszuschalten. Die Entwicklung des Rundfunks ist als ein Bedürfnis der Allgemeinheit anzuerkennen; sie darf nicht scheitern an egoistischen Erwägungen einzelner.

Trotz alledem sollte meines Erachtens ein Eingreifen des Gesetzgebers in diesem Punkte zu vermeiden sein. Durch eine Bestimmung, wie sie etwa Estland kennt (vgl. oben) wären allerdings für die Zukunft alle Zweifel behoben. Erforderlich scheint ein derartiges Vorgehen nicht. Einmal ist es zu bedenken, daß ein neues Gesetz nur wirklich neue Gedanken und Wege zum Ausdruck bringen soll. In der Frage des Antennenrechts aber handelt es sich nur um die Auslegung eines bestehenden Gesetzes, und zwar im wesentlichen um den Begriff der Verkehrssitte. Die Verkehrssitte aber spricht gerade hier so stark für den Rundfunk, daß auch das Reichsgericht nicht lange mehr an seinen verfehlten Argumenten wird festhalten können. Zum anderen scheint das Beispiel Estlands für Deutschland schon darum nicht herangezogen werden zu können, weil es sich dort um ein umfassendes Gesetz für den gesamten Rundfunk handelt, in dem naturgemäß alle entsprechenden Fragen zu erörtern und zu klären sind. Die entwickelte deutsche Gesetzgebung kennt ein Funkgesetz als solches nicht. Die funkrechtlichen Fragen betreffen eine Vielheit von Gesetzen. Eine zusammenhängende Kodifikation würde zumindesten keinen Fortschritt bedeuten. Bei uns muß das Antennenrecht mit Hilfe des Mietrechtes entschieden werden; es ist bereits indirekt im Gesetz enthalten. Sache der richtigen Auslegung muß es sein, den richtigen Weg zu finden.

Für die Zukunft des Antennenrechts aber spricht nicht allein die ständig wachsende Zahl der Teilnehmer, dafür spricht deutlich die Entwicklung des Fernsprechers in der Rechtsprechung der deutschen Gerichte. Heute soll der Rundfunk noch nicht mit dem Fernsprecher auf eine Stufe gestellt werden können (Reichsgericht). Das bestreiten wir ausdrücklich. Aber auch der heute von der Rechtsprechung anerkannte Fernsprechteilnehmer hat sich dieser Gunst der Gerichte nicht immer erfreut. Das hatten wir oben gesehen. Auch hier hatte sich die Verkehrsauffassung des Reichsgerichts und der nachgeordneten Gerichte bald umstellen müssen. Die Zahlen werden in Zukunft weiter für den Rundfunk sprechen. Der Rundfunk dehnt sich weiter aus trotz der heute noch bestehenden Schranken. Das Reichsgericht wird sich dieser Entwicklung ebensowenig verschließen können, wie es sich seinerzeit der Entwicklung des Fernsprechers hat verschließen können. Dem Rundfunk gehört die Zukunft. Die Stellung der Gerichte kann nicht mehr lange zweifelhaft sein!

§ 29. Polizeiverordnungen zu Fragen des Antennenrechts.

In diesem Zusammenhang verdient ein weiterer Punkt besondere Beachtung: der Erlaß von Antennenverordnungen auf Grund des Polizeiverordnungsrechts. Derartige Verordnungen können unter Umständen dem Rundfunk und seiner Verbreitung schwere Nachteile bringen. So kann es sich handeln um das Verlangen einer nachträglichen Änderung einer bereits genehmigten Anlage (vgl. Arch. f. Funkr. **1929**, 37ff.), um die Forderung, daß der Eigentümer des Hauses, in welchem eine Antenne errichtet werden soll, die Haftung dafür übernimmt, daß derjenige, der die Antenne betreibt, seine Verpflichtung zur Unterhaltung der Antenne gegenüber der Ortspolizeibehörde erfüllt (wodurch naturgemäß der Widerstand des Grundstückseigentümers gegen das Antennenrecht des Stockwerkmieters nur noch weitgehender, als dies bisher der Fall war, verstärkt wird), um die Forderung, daß Antennen nur durch bestimmte Installateure errichtet werden dürfen (wodurch eine eigene Errichtung der Antennen durch geschulte Funkbastler unmöglich gemacht wird), um die Forderung, daß von den Gemeinden ungebührliche Gebühren für die Prüfung der Antennenanlage und deren Kontrolle erhoben werden (dazu ausführlich Wille im Arch. f. Funkr. **1929**, 181ff.) usw.

Es verdient besondere Erwähnung, daß das Verwaltungsgericht Hamburg im Falle der nachträglich geforderten Änderung einer bereits genehmigten Anlage die Ungültigkeit der Polizeiverordnung festgestellt hat (Arch. f. Funkr. **1929**, 37ff.), wobei es sich allerdings vorläufig nur um das erstinstanzliche Urteil handelt. Auch bei den anderen genannten Verordnungen erscheint die Gültigkeit zweifelhaft (wobei ein genaues Eingehen auf diese Frage nicht möglich ist, da es sich dort speziell um bayerische Verhältnisse handelt; vgl. ausführlich Wille, a. a. O.).

An dieser Stelle sei nur angeregt, daß derartige rundfunkfeindliche Polizeiverordnungen in allen Fällen nachgeprüft und gegebenenfalls vor die Verwaltungsgerichte gebracht werden sollten; jede Sendegesellschaft müßte ein Interesse haben, für ihr Gebiet das Fortbestehen rundfunkfeindlicher Polizeiverordnungen unmöglich zu machen. Die Rechtsprechung der Verwaltungsgerichte gerade in Sachen der Polizeiverordnungen bietet Gewähr, daß das Recht der hinter dem Rundfunk stehenden Allgemeinheit durch solche Verordnungen nicht über Gebühr belastet wird. Eine entsprechende Beratung der Rundfunkteilnehmer durch die Sendegesellschaft des Bezirkes und eine eventuelle Unterstützung des einzelnen prozessierenden Rundfunkteilnehmers sollte meines Erachtens der Weg sein, um diese der Verbreitung des Rundfunks drohende Gefahr auf ein Minimum zu reduzieren.

III. Schutz des Bestandes und Betriebes der Rundfunkanlagen.

§ 30. Stellung der Literatur. — Kritische Würdigung.

Es kann keinem Zweifel unterliegen, daß auch dieser Punkt im Rahmen der vorliegenden Arbeit zu behandeln ist. Der Allgemeinheit, die dem Rundfunk Gefolgschaft leistet, muß ein Interesse daran zugebilligt werden, die Darbietungen der Sendegesellschaften in ungestörter Weise empfangen zu können, da Rundfunkstörungen beim Empfang die Begeisterung am Rundfunk lähmen müssen, da dadurch dem Rundfunk ein Teil seiner Anhänger verlorengehen muß und somit die Aufgabe des Rundfunks untergraben würde, einem großen Teil der Volksgenossen künstlerische und bildende Darbietungen zu vermitteln, Volksgenossen, die ohne den Rundfunk auf eine entsprechende Weiterbildung und Erbauung verzichten müßten. Daher muß, wenn der Rundfunk nicht schwersten Gefahren in Hinsicht auf seine Aufgaben und seine Existenz (denn der Rundfunk lebt von seinen Hörern) ausgesetzt werden soll, ein wirksamer Schutz gegen Störungen beim Empfang begründet sein.

Diesem Interesse der Allgemeinheit steht gegenüber das Interesse der einzelnen Besitzer von anderen den Rundfunkempfang störenden elektrischen Apparaten (wir haben es hier hauptsächlich mit Störungen durch Hochfrequenzapparate zu tun). Es liegt auf der Hand, daß im Interesse der Rundfunkhörer dieses Recht der Besitzer von Hochfrequenzapparaten auf einen Betrieb ihrer Apparate nicht radikal durch eine gesetzliche Bestimmung unterdrückt werden kann. Nun ist aber die Lage heute derart, daß die fortschreitende technische Verbesserung aller elektrischen Apparate die Gefahr für die Rundfunkhörer bedeutend reduziert hat. Es kann hier auf die technischen Ausführungen von Marx im Arch. f. Funkr. **1929**, 63ff. verwiesen werden, aus denen hervorgeht, daß heute bereits einwandfreie technische Mittel zur Beseitigung von Rundfunkstörungen durch elektrische Hochfrequenzapparate bestehen, und daß die Kosten für die Anbringung von störbefreienden Vorrichtungen an diesen Apparaten sich in bescheidenen Grenzen halten.

Abgesehen von dieser heute bereits verbesserten Technik (die für die Zukunft noch weitere Verbesserungen erwarten läßt), haben die Maßnahmen einer Reihe von Elektrizitätswerken die Rundfunkstörungen wirksam zu bekämpfen gewußt. So ist in verschiedenen Städten der Anschluß von elektrischen Hochfrequenzapparaten an das Leitungsnetz des Elektrizitätswerkes nur gestattet worden, wenn die Apparate mit einer störungsverhindernden Einrichtung versehen sind und zur Kenntlichmachung hiervon das Prüfzeichen des Verbandes Deutscher Elektrotechniker tragen, oder welche die Inbetriebnahme von Hochfrequenzapparaten innerhalb der Hauptsendezeit (20—24 Uhr) verbieten (vgl. dazu Engländer im Arch. f. Funkr. **1929**, 75 und die dort angeführte Literatur). Auf solchen Maßnahmen wird wirksam weiter aufzubauen sein, ebenso wie ein ausgebauter verwaltungsrechtlicher Schutz durch Polizeiverordnungen den gerechten Interessen der Rundfunkhörer entsprechen kann, ohne daß dadurch das Recht der einzelnen Besitzer elektrischer Apparate über Gebühr eingeschränkt würde.

Das Problem eines wirksamen Rechtsschutzes gegen Rundfunkstörungen ist wiederholt in der Literatur behandelt worden. Es genügt hier, auf die Darstellung bei Neugebauer (3. Aufl., S. 328ff., 355ff.) und auf das zusammenfassende Rechtsgutachten von Engländer im Arch. f. Funkr. **1929**, 74ff. (privatrechtlicher Schutz) und die dort erschöpfend zitierte weitere Literatur zu verweisen. Im Rahmen dieser Arbeit braucht dieser straf- und privatrechtliche Schutz ausführlich nicht behandelt zu werden, da das Resultat nur eine Wiederholung sein könnte.

Ein, wenn auch beschränkter, strafrechtlicher Schutz besteht. Ein privatrechtlicher Schutz, der früher verschiedentlich negiert wurde, ist von Engländer in überzeugender Form anerkannt worden. Es kann nur unterstrichen werden, was Engländer, a. a. O., S. 111, als Resultat seines Gutachtens ausführt: „Man braucht nicht nach einer sondergesetzlichen privatrechtlichen Regelung zu rufen, wenn sich die Richter ihrer Aufgabe gewachsen zeigen.“ Bisher haben nun die Gerichte sich noch nicht mit Rechtsstreitigkeiten wegen Rundfunkempfangsstörungen zu beschäftigen gehabt. Engländer weist dabei (a. a. O., S. 110f.) auf die reichsgerichtliche Rechtsprechung zum Schutze des Luftverkehrs aus der Zeit vor dem Luftverkehrsgesetz (1922) hin und erhofft eine ähnliche der Neuerung günstige Rechtsprechung wie sie RGZ. 100/74 dem Luftverkehr gewährt hat. Man muß dabei Engländer durchaus folgen, wenn er „für den Rundfunk, der als menschenverbindender Kulturfaktor dem Luftverkehr ebenbürtig, durch die Erfassung der breitesten Schichten der Bevölkerung ihm in seiner Bedeutung für das Volksleben weit überlegen ist, und dessen Lebensfähigkeit und Entwicklung durch die zunehmenden Rundfunkstörungen schwer bedroht ist, eine gleiche Einstellung der Rechtsprechung“ erwartet.

Wenn ich mich auch weiterhin auf die rechtlichen Ausführungen von Engländer stütze, stelle ich mich mit diesem in Gegensatz zu der Erklärung Bredows, daß die Reichs-Rundfunkgesellschaft, die Deutsche Reichspost und die Funkvereine bestrebt seien, gesetzliche Grundlagen zu schaffen und vorhandene Gesetze auf diesen neuen Bereich strittigen Rechtsgebietes auszudehnen. Die von dieser Seite vorgebrachten Argumente, daß „die Möglichkeit, den Störer durch Gesetz oder Gericht zu zwingen, geeignete Störungsbefreiungsmittel an seiner funkensprühenden Maschine oder seinem strahlenden Hochfrequenz-Heilgerät auf seine Kosten anzubringen . . ., bisher leider noch beschränkt“ seien, widersprechen den Tatsachen, wie sie von Engländer, a. a. O., gekennzeichnet sind. Im übrigen kann man, fordert man einen gerechten Ausgleich, nicht jeden Besitzer gewisser elektrischer Apparate zu einer Mehrausgabe zwingen. Stört der betreffende Apparat den Rundfunkempfang tatsächlich, dann erst kann und soll vorgegangen werden.

Außerdem muß es reichlich gewagt erscheinen, nach dem Gesetzgeber zu rufen, solange die umstrittenen Fragen die Gerichte noch nicht beschäftigt haben. Das hieße tatsächlich aus Freude am Gesetzgeben die Grundvoraussetzungen für die Schaffung neuer gesetzlicher Bestimmungen übersehen. In diesen Zeilen sind wiederholt Vorschläge de lege ferenda gemacht. Dort aber handelte es sich stets um Fälle, in denen tatsächlich Neuland zu bearbeiten war oder um Fälle, in denen eine feststehende Praxis der Gerichte aus bestimmtem Grunde durchbrochen werden sollte. Im hier zu behandelnden Falle besteht die begründete Hoffnung, daß die Gerichte den Rundfunkteilnehmern vollen Schutz gegen Rundfunkstörungen gewähren werden. Solange diese Auffassung nicht durch das Verhalten der Rechtsprechung widerlegt ist, kann an diese Frage meines Erachtens de lege ferenda nicht herangetreten werden.

Literaturverzeichnis.

Abel: Rundfunk und Urheberrecht. (Sonderabdruck aus der Gerichtszeitung.) Wien 1925.

Allfeld: Das Urheberrecht an Werken der Literatur und der Tonkunst. München 1928.

Anschütz: Die Verfassung des Deutschen Reiches, 8. Aufl. Berlin 1929.

Archiv für Funkrecht (abgekürzt Arch. f. Funkr.): 1. Jahrgang 1928, 2. Jahrgang 1929. Berlin 1928, 1929.

Archiv für Urheber-, Film- und Theaterrecht (abgekürzt Ufita): 1. Jahrgang 1928, 2. Jahrgang 1929. Berlin 1928, 1929.

Baumbach: Kommentar zum Wettbewerbsrecht. Berlin 1929.

Bibliographie des Funkrechts: 1. Band (1. Teil): Deutschsprachige Literatur. Leipzig 1926. 2. Band (2. Teil): Nachtrag I. Leipzig 1929. Beide bearbeitet von Praesent. — (3. Teil): Fremdsprachige Literatur. Leipzig 1929. Bearbeitet von Güntzel.

Blätter für Funkrecht (Beiblatt zu GRUR.) (abgekürzt Bl. f. Funkr.): Einziger Jahrgang 1927. Berlin 1927.

Bredow: Vier Jahre deutscher Rundfunk. Berlin 1927.

Conférence de Rome:

Materialien:

1. Propositions avec exposés des motifs. Préparées par l'administration italienne el le bureau internationale de Berne (Union internationale pour la protection des œuvres littéraires et artistiques). Berne 1927.
2. Les Propositions arrêtées en vue de la Conférence de Rome par les gouvernements allemand, autrichien, britannique, français et suisse. Berne 1927.
3. Conférence de Rome: Rapport général de la commission de rédaction. Roma 1928.
4. Urkunden der Romkonferenz.

Droit: Le, d'Auteur (abgekürzt DA.): Zeitschrift des Bureau international de l'Union internationale pour la protection des œuvres littéraires et artistiques de Berne. Bern 1925, 1926, 1927, 1928.

Elster: Urheber- und Erfinder-, Warenzeichen- und Wettbewerbsrecht. Berlin und Leipzig 1928.

Entscheidungen des Reichsgerichts in Zivilsachen (RGZ.).

Feyerabend (siehe unter: Handwörterbuch des elektrischen Fernmeldewesens).

Funk (Die Wochenschrift des Funkwesens), 4. Jahrgang 1927. Berlin 1927.

Funkverkehr, Der deutsche, 1927. Berlin 1927.

Gewerblicher Rechtsschutz und Urheberrecht (abgekürzt GRUR.) (Zeitschrift des Deutschen Vereins für den Schutz des gewerblichen Eigentums), 30.—34. Jahrgang. Berlin 1925, 1926, 1927, 1928, 1929.

Goldbaum: Berner Übereinkunft. Berlin 1928. — Die deutschen Urheber, ihre Not — ihre Rettung. Berlin 1920. — Urheberrecht und Urhebervertragsrecht. 2. Aufl. Berlin 1927.

Gruchots Beiträge zur Erläuterung des deutschen Rechts: Neue Folge 5. Jahrgang 1926. Berlin 1927.

Handwörterbuch des elektrischen Fernmeldewesens, hrsg. von Feyerabend, Heidecker usw. Berlin 1929.

Hoechstetter: Beiträge zur Entwicklung des Rundfunkrechts. Dissert., Erlangen 1928.

Juristische Wochenschrift: Jahrgänge 1925—1928.

Klöcker: Das Funkwesen in Deutschland und die wirtschaftliche Bedeutung des Rundfunks. Dissert., Löningen 1925.

Lobe: Die Bekämpfung des unlauteren Wettbewerbs. 4 Bände. Leipzig 1907.

Magnus: Tabellen zum internationalen Recht, 3. Heft: Urheberrecht. Berlin 1928.

Marck: Der internationale Rechtsschutz der Patente, Muster, Warenzeichen und des Wettbewerbs. Berlin 1924.

Marwitz: Die revidierte Berner Übereinkunft. Berlin 1928.

Marwitz u. Möhring: Kommentar über das Urheberrecht an Werken der Literatur und der Tonkunst. Berlin 1928.

Neugebauer: Funkrecht, 2. Aufl. Berlin 1926. — Fernmelderecht mit Rundfunkrecht, 3. Aufl. des Funkrechts. Berlin 1929.

Osterrieth: Die Haager Konferenz 1925 zur Revision der Pariser Übereinkunft von 1883 für gewerblichen Rechtsschutz. Berlin 1926.

Reiche: Funkrecht. Berlin 1925.

Reichsgerichtsräte, Kommentar der — zum BGB., 6. Aufl. Leipzig und Berlin 1928.

Reichsgericht, Entscheidungen des — in Zivilsachen (RGZ.).

Reininger: Der Schutz des Urheberrechts im deutschen Rundfunk. Berlin und Leipzig 1929.

Rosenthal: Wettbewerbsgesetz, 7. Aufl. Berlin 1928.

Röthlisberger: Urheberrechtsgesetze und -verträge in allen Ländern. Leipzig 1914.

Rundfunk, Der deutsche — (Rundschau und Programm für alle Rundfunkteilnehmer. Zeitschrift der am deutschen Rundfunk beteiligten Kreise): 5. Jahrgang 1927. Berlin 1927.

Saudemont: La Radiophonie et le droit. Paris 1927.

Seiller: Österreichisches Urheberrecht. Wien und Leipzig 1927.

Staudinger: Kommentar zum BGB., 9. Aufl. München, Berlin und Leipzig 1929.

Steinberg: Urheberrecht und Rundfunk. Dissert., Dortmund 1926.

Ulmer: Warenzeichen und unlauterer Wettbewerb in ihrer Fortbildung durch die Rechtsprechung. Berlin 1929.

Vilbois: Du Domaine public payant en matière de droit d'auteur. Paris 1929.

Wolff, Martin: Reichsverfassung und Eigentum. In der Festgabe der Berliner Jur. Fakultät für Kahl. Berlin 1923.

Zeitschrift für Ostrecht: 1. Jahrgang 1927. Berlin 1927.

Die Verfasser der in den Zeitschriften verstreuten Aufsätze sind wegen der großen Zahl dieser Aufsätze (die das wesentlichste Material bildeten) im Literaturverzeichnis nicht einzeln genannt, im Text dagegen stets ausführlich zitiert.

GPSR Compliance

The European Union's (EU) General Product Safety Regulation (GPSR) is a set of rules that requires consumer products to be safe and our obligations to ensure this.

If you have any concerns about our products, you can contact us on ProductSafety@springernature.com

In case Publisher is established outside the EU, the EU authorized representative is:

Springer Nature Customer Service Center GmbH
Europaplatz 3
69115 Heidelberg, Germany

Batch number: 10844675

Printed by Printforce, the Netherlands